습관은

좋은습관연구소가 제안하는 18번째 습관은 '연금 부자가 되는 습관'입니다. 여기에서 말하는 연금이란 돈뿐만이 아니라 정서적 관계나 우리 몸의 근육 등도 포함됩니다. 이 모두 한 번에 많이 쌓을 수 있는 것이 아니라 꾸준함을 통해 습관처럼 쌓아야 하는 것들입니다. 100세 시대, 은퇴중산층으로 살기 위해 반드시 챙겨야 할 습관으로 '연금 부자 습관'을 여러분께 제안드립니다.

연금 부자 습관

100세까지 부자로! 은퇴중산층이 되는 법

강성민 PD 지음

좋은습관연구소

한 권으로 끝내는 연금의 모든 것
이상건 (미래에셋투자와연금센터 대표)

개인적인 인연으로 얘기를 시작해야 할 것 같다. 이 책의 저자 강성민 KBS PD를 만난 게 어느덧 20년이 다 되어가는 듯하다. 그때 나는 경제 잡지의 금융 담당 기자로 일하고 있었는데, 강 PD가 담당하는 경제 프로에 출연한 일이 있었다. 당시 방송 경험도 별로 없던 풋내기 시절이었다. 지금도 그렇지만 발음도 좋지 않고 경험도 부족한 탓에 방송 중에 버벅거린 적이 한두 번이 아니었다. 그럼에도 강 PD는 나와 같은 방송 초보들에게 기회를 많이 주려 했고 아이템에 대해서도 출연자의 의견을 귀담아 들어주는 사람이었다. 음악 전문 PD로 방송 일을 시작했음에도 불구하고 경제와 투자에 대한 지식도 상당히 높았다.

그 이후 한동안은 인연이 닿지 않아 강 PD와 함께 방송

할 기회는 없었다. 하지만 여러 경로를 통해 간간이 소식을 듣곤 했다. 정말 깜짝 놀랐던 것은 공인회계사 시험에 합격했다는 소식이었다. 경제·경영학 전공자도 아니고, 클래식 전문가가 공인회계사 자격증을 취득하다니, 그것도 회사 생활을 하면서…, 놀랍기도 했지만 한편으로는 '역시'라는 생각도 들었다. 매사에 호기심이 많고 열성으로 공부하고 남의 얘기를 귀담아듣는 사람이기에 가능하지 않았을까, 하는 생각을 했다.

세상사 인연이 그렇듯 그 이후 강 PD와 다시 방송할 기회가 생겼다. 자신이 은퇴 관련 팟캐스트를 진행하는데, 같이 프로그램을 해 보자는 제안이었다. 한 치도 망설임도 없이 오케이를 했다. 출연자를 귀하게 생각하는 마음과 다양한 아이디어를 가진 사람과 한다는데, 같이 일하지 않을 이유가 없었다. 투자에서 차익 거래의 기회가 있으면 무조건 베팅해야 하듯 나보다 나은 사람의 아이디어와 지식을 배울 수 있는 기회가 있다면 참여하는 게 당연한 일이었다.

그렇게 가벼운 마음으로 출연했다. 그리고 회를 거듭할수록 강 PD의 열정과 전문성에 탄복하면서 때로는 강 PD의 은퇴에 대한 전문성에 놀라면서 2년 반이 넘는 시간을 같이했다. 일주일에 한 번 팟캐스트를 녹음하는 시간은 나에게도 또 하나의 학습의 장이었고, 다양한 기획 아이디어에 무임승차해 많은 지식과 지혜를 배울 수 있는 기회였다. 분명히 밝히지만 2년 반 동안 같이 방송한 팟캐스트의 아이디어는 100% 강 PD로부터 나왔다.

연금 분야의 숨은 고수

같이 방송을 하면서 새삼 놀란 것은 강 PD의 연금에 대한 전문성이었다. 지금은 필자가 일하는 곳의 명칭이 '투자와연금센터'로 바뀌었지만 예전에는 '은퇴연구소'였다. 은퇴연구소에서 일하다 보니 난다 긴다 하는 연금 전문가들을 만날 기회가 적지 않고, 필자도 평균보다는 나은 지식을 갖고 있다고 스스로 생각했다.

사실 언론에 나와 전문가를 자처하는 사람 중에는 언행일치가 안 되는 분들이 많다. 주식 전문가라고 하면서 부동산 투자를 주로 하는 경우도 있고, 연금 전문가라고 하면서 연금보다는 다른 투자에 더 관심을 갖고 있는 사람도 많다. 하지만 강 PD는 말과 행동이 딱 들어맞는 사람이었다. 자산관리도 노후생활에 초점을 맞춰 연금 중심으로 운용하고 있었을 뿐만 아니라 '재무적 준비' 이외에 '비재무적 준비'도 꾸준히 하고 있었다. 한 마디로 '숨어 있는 연금 고수'였다.

강 PD는 공인회계사답게 자산관리에 필수적으로 요구되는 세무 지식도 많이 가지고 있었다. 아시다시피 저성장·고령화 국면에 접어들면서 세금 문제는 자산관리의 필수 항목이 되었는데 연금제도, 연금운용, 연금 관련 세금까지 일목요연하게 자신의 머릿속에 넣고 있는 전문가는 금융회사에도 흔치가 않다. 금융회사는 종합적 지식보다 분업적 지식에 기반한 전문가들이 많이 포진돼 있는데, 강 PD는 이론과 실전뿐 아니라 연금에 수반되는 각종 세금 문제까지도 아우르는 종합적인 지식을 갖고 있는 전문가였다.

이 책을 읽어보면 알겠지만 강 PD는 연금의 개념을 재무적인 것뿐만 아니라 다른 영역으로까지도 확대하고 있다. 최근 서구 사회는 정부 부처에 고독부(孤獨府) 장관을 임명하는 등 외로움을 사회적 질병으로 인식하고 적극적인 대응책을 모색하고 있다. 고독을 만성질환보다 더 위험한 병으로 받아들이고 있는 것이다. 그런 트렌드에 부합하듯 이 책에서는 관계 속에서 행복을 모색하는 정서 지능을 강조하고 있다. 그리고 당연한 얘기지만 건강 상태가 노후 생활의 질을 좌우하기에 건강에 관한 항목도 빠지지 않는다. 건강에서는 어떤 것을 챙겨야 할까? 가장 기본이 되는 것이 '근육 연금'이다. 요즘은 나이가 들면서 근육이 줄어드는 근감소증을 하나의 질병으로 규정하고 있다. 근육이 줄어들면 넘어질 가능성도 높고 활동량도 줄어든다. 따라서 근육도 연금처럼 꾸준히 키워나가지 않으면 노후생활의 질이 크게 떨어진다. 이처럼 강 PD는 관계를 잘 만드는 것, 근육을 잘 만드는 것이 연금을 쌓는 것과 그 원리가 비슷하다고 강조한다.

"일반적으로 연금은 소액을 오랜 시간 적립해서 적립액을 키우고 그것을 다시 죽을 때까지 나누어 받는다는 특징을 가지고 있습니다. 연금이 습관과 맞닿아 있는 부분도 그 지점입니다. 근육을 키우려면 오랜 기간 운동을 해야 하고, 관계를 잘 만들어 놓으려면 시간을 두고 사람들에게 공을 들여야 합니다. 이처럼 습관도 연금처럼 하루아침에 만들어지지 않기 때문에 시간이 필요합니다."

이 책의 또 다른 특징은 잘 읽힌다는 점이다. 잘 읽히기 위해서는 공감이 되어야 한다. 공감이 되려면 저자의 체험이 독자의 체험과 맞닿아 있어야 한다. 이 책에는 누구나 고민하고 경험하는 우리의 일상사가 자주 등장한다. 그 일상사는 내가 겪는 문제이기도 하고 독자 여러분들이 겪는 문제이기도 하다. 강 PD는 자신의 개인사나 지인들의 이야기를 하나씩 가지고 와서 연금 설명을 한다. 그래서 쉽게 공감이 되면서 머리에 쏙쏙 들어온다.

만일 여러분이 연금 준비를 처음 시작하는 경우라면 이 책을 연금 교과서로 삼으라, 말하고 싶다. 이 책은 연금에 대한 전체적인 그림을 그릴 수 있도록 도와준다. 연금 준비(혹은 투자)에 어느 정도 경험이 있는 사람들은 참고 자료 삼아 이 책을 활용해 보라고 말하고 싶다. 내가 놓치고 있는 부분이 무엇인지 앞으로 무엇을 해야 하는지 나침반 역할을 해 줄 것이다. 그리고 연금 투자의 고수라면 이 책을 자기 자신과 비교 대상으로 삼으라고 말하고 싶다. 기준이 있으면 평가하기가 쉬운 법이다. 이 책은 연금 전반에 걸쳐 객관적이고 실증적인 기준점을 제공하고 있다.

제대로 된 연금 관련 교과서가 출간됐다는 안도감과 기쁨을 느끼며 이 책을 읽었다. 이 책을 읽게 될 다른 분들도 나와 같은 즐거움을 꼭 느끼길 바라며, 추천사를 마무리하고자 한다.

서문

경제적 자유를 얻기 위해 극도로 절약해서 일정한 자금을 모은 후 이른 나이에 은퇴하는 사람들을 FIRE족이라고 부릅니다. 이 말은 경제적 자립(Financial Independence)과 조기 은퇴(Retire Early)의 앞글자를 딴 영어 약자로 만들어졌습니다. 최근 들어 많은 사람들이 FIRE족을 추구하고 있습니다. 직장 생활에서 오는 스트레스나 피로감에서 하루빨리 벗어나고 싶은 것이 가장 큰 이유겠지만, 코로나19 사태 이후 세계적인 통화량 증가와 자산 가격 상승으로 인해 근로 소득의 가치가 급격하게 하락하는 것도 중요한 이유라 하겠습니다.

그러나 그렇게 조기 은퇴를 한 사람들의 삶을 들여다보면 직장에만 다니지 않을 뿐, 전업 투자자나 디지털 노마드가 되어 또 다른 일을 하고 있습니다. 한마디로 머니러시(Money Rush)를 하듯 이일 저일 엔잡러(N-jober)가 되어 더 많은 일을 하고 있습니다. 그 이유는 주식 투자나 코인 투자로 목돈을 만들어 은퇴한 사람이나 유튜브 수익으로 한 달에 몇천만 원씩 버는 사람이나 안정적인 미래가 약속 된 것은 아니기 때문입니다. 자산이 많다는 것도 수입이 높다는 것도 현재의 기준에서 본 것일 뿐, 언제까지 계속 유지되리라는 보장은 없습니다.

현재 우리나라에서 공무원이나 교사 같은 직종이 환영받고 있는 이유와 묶어서 생각해보면 죽을 때까지 기복 없이 안정적인 현금흐름을 얻는다는 것이 얼마나 중요한지 알 수 있습니다. 그래서 은퇴설계의 관점에서 본다면 재테크보다 중요한 것이 재무설계입니다. 재테크와 재무설계의 차이를 잠깐 짚어보자면, 우선 재테크는 재산을 불리는 기술로 금융이나 부동산을 활용해 높은 수익을 올려 돈을 버는 것을 말합니다. 반면, 재무설계는 소득의 범위를 고려해 소비와 저축을 합리적으로 설계하고 은퇴 후의 노후 생활까지 고려해 전반적인 인생의 재무 계획을 짜는 것을 말합니다. 그래서 재무설계는 재테크에 비해 장기적이고 계획적이라는 점이 특징입니다. 젊은 시절 얻은 소득과 자산을 평생의 소득으로 지혜롭게 분배해 내는 것이 포인트입니다. 이를 가장 효율적으로 실현시켜 주는 수단이 바로 '연금'입니다.

많은 전문가들의 얘기처럼 은퇴 후 원활한 현금흐름을 위해 필요한 3층 연금(국민연금, 퇴직연금, 개인연금)은 사회 생활을 시작할때부터 착실히 준비해야 합니다. 여기에 주택을 활용한 주택연금, 목돈을 활용한 일시납 연금까지 준비한다면 금상첨화라 할 수 있습니다. 그리고 또 한가지 중요한 것은 재무적인 관점에서만 미래를 준비한다고 해서 노후가 행복해지지는 않는다는 것입니다. 몸과 마음이 건강해야 하는 것은 기본인데, 그러려면 생활 습관도 잘 만들어야 하고, 평생 할 수 있는 일도 찾아야 하고, 사람들과의 관계도 잘 맺어 두어야 합니다. 이처럼 은퇴 전에 시작해 평생토록 해야 할 과제들은 끝도 없습니다.

KBS 라디오 PD로서 28년간 일해온 저는 지난 2년 반 동안《강PD의 똘똘한 은퇴설계》라는 팟캐스트를 2백 편 넘게 제작했습니다. 은퇴를 주제로 저와 함께 이야기를 나눈 수십 명의 출연자들은 각 분야에서 내로라하는 권위자들이었습니다. 이 책은 그분들로부터 얻은 금과옥조의 내용을 제 나름대로 체화시켜 글로 옮긴 것입니다. PD는 어떤 분야든 시청자 혹은 청취자에게 쉽게 정보가 전달될 수 있도록 하는 데 있어 전문가입니다. 그래서 어떻게 보면 넓게는 알고 있지만 깊게는 알지 못하기도 합니다. 하지만 저는 10여 년 전

경제 프로그램을 제작하면서 공인회계사(CPA) 자격증을 딴 이력이 있기 때문에 재무나 세무 분야만큼은 전문성을 가지고 있다고 자부합니다. 그래서 세무사에게 국민연금에 대해 물어보거나 의사에게 건강보험에 대해 물어보는 것보다, 저에게 "현재 월급이 얼마인데 나중에 국민연금은 얼마를 받게 되는지, 어떤 병에 걸릴 경우 건강보험과 실비보험에서 얼마가 커버되는지, 퇴직하면 건강보험료가 얼마나 나오게 될지" 등을 물어보는 것이 더 나을지도 모릅니다.

이 책에서 저는 '인생 후반전을 준비하는 습관'으로 총 스무 가지를 정리했습니다. 이 스무 개의 습관을 하나로 관통하는 주제어를 꼽으라 한다면 저는 망설임 없이 '연금'이라고 답할 것입니다. 이렇게 말하면 어떻게 경제적인 것만으로 은퇴 준비가 끝나느냐고 반문할 분들이 있을 것 같습니다. 하지만 여기서 말하는 연금은 국민연금처럼 매달 '따박따박' 나오는 재무적인 연금만을 말하는 것은 아닙니다. 비재무적인 연금도 있는데, 대표적으로 건강한 몸으로 오래 살기 위해 필요한 '근육연금'과 사람들과의 관계 속에서 행복한 삶을 찾기 위해 만들어야 하는 '정서연금' 등이 그것입니다.

일반적으로 연금은 소액을 오랜 시간 적립해서 적립액을 키우고 그것을 다시 죽을 때까지 나누어 받는다는 특징을 가지고 있습니다. 연금이 '습관'과 맞닿아 있는 것도 바로 그 지점입니다. 근육을 키우려면 오랜 기간 운동을 해야 하고, 관계를 잘 만들어 놓으려면 시간을 두고 사람들에게 공을 들여야 합니다. 이처럼 '근육연금'과 '정서연금'은 하루아침에 만들어지지 않기 때문에 습관을 들이는 것처럼 시간이 필요합니다.

제가 선정한 습관중에는 '운동하는 습관'이 빠져 있어 의아해할 분도 있을 것 같습니다. 가장 예상하기 쉬운 습관이지만 빼놓은 이유는 제 자신이 아직 습관으로 만들지 못했기 때문입니다. 운동 습관을 만들려고 많은 노력을 했지만, 워낙 운동과는 담을 쌓고 지낸 시간이 길어서인지 잘되지 않고 있습니다. 대신 '계단 오르기'나 '걷기' 같은 생활 속 운동을 습관으로 만드는 정도는 실천을 하고 있는데, 그런 부분은 이 책에서도 언급해 두었습니다.

우리가 좋다고 알고 있는 모든 것을 습관으로 만들 수만 있다면 완벽한 노후가 보장되겠지만, 아는 것과 실천하는 것은 또 다른 문제입니다. 건강에 대해 그토록 잘 아는 의사들이라고 해서 모두 장수하지 못하는 것도 같은 이치입니다. 일반적으로 '쓸데없는 물건을 버리는 습관'이 '세금에 대해 공부하는 습관'보다는 쉽겠지만, 어떤 독자에게는 그 반대일 수도 있습니다. 그래서 여러분들도 제가 그랬던 것처럼 자신이 할 수 있는 것부터 하나씩 습관으로 만들어 가시기를 권해 드립니다.

책 곳곳에는 저의 개인적인 얘기가 많이 나오고 저의 가족과 지인들 예도 종종 등장합니다. 모두 실존 인물과 실제 사례를 들어 놓은 것입니다. 책을 쓰면서 돌아가신 아버지께 진심으로 감사하지 않을 수 없었습니다. 제가 연금이나 은퇴 설계에 관심을 가지게 된 이유가 공무원이셨던 아버지의 영향 때문이었다는 것을 책을 쓰면서 확실히 깨달았습니다. 공무원은 퇴직 후 퇴직 급여를 연금으로도 받을 수 있고 일시금으로도 받을 수 있습니다. 금리가 높았던 2000년 이전까지만 해도 일시금으로 수령하는 사람들이 압도적으로 많았습니다. 아버지는 그 당시로는 특이하게 연금으로 받는 걸 택하셨습니다. 그 이유가 자식들에게 경제적으로 의존하고 싶지 않았기 때문이었습니다. 국내에서 개념조차 생소했던 시기에 실버타운 입주를 자청하신 것도 비슷한 이유였습니다. 그리고 아버지는 만성 질환으로 오랜 투병 생활을 하셨던 어머니의 정서적 안식처가 되어주며, 배우자의 역할도 완벽히 해내셨습니다. 취미로 바둑과 자전거 타기를 즐기면서 돌아가실 때까지 스스로 몸과 마음의 건강을 유지하셨습니다. 가장 대단한 점은 어머니가 돌아가신 뒤 4년을 홀로 지내면서 어머니가 생존해 계실 때와 마찬가지로 자식으로부터 완전히 정신적인 독립을 이룬 상태에서 외로움을 감내하셨다는 것입니다. 가끔 딸들이 실버타운을 방문할 때조차도 혹여나 자식들의 귀한 시간을 뺏는 건 아닌지 노심초사하실 정도였습니다.

부모님이 살아 계실 때 좀 더 잘 해드리지 못해 풍수지탄(風樹之嘆)을 하고 있는 저는 어리석은 딸이지만, 아버지는 누구보다도 노년을 훌륭하게 보내신 은퇴 생활의 교과서 같은 분이셨습니다. 이제 제가 50대가 되어 아버지의 삶을 다시 돌아보니 은퇴 설계를 딱히 하신 것도 아닌데, 어떻게 그렇게 잘 준비하셨는지 그저 놀라울 따름입니다. 돌아가실 때에도 유족들이 편하도록 미리 준비를 다 해놓으셔서, 아버지 소천(召天) 후 2주 만에 모든 정리를 다 마칠 수 있었습니다. 지금 제가 은퇴설계전문가를 자처하며 방송과 책을 통해 이건 이렇고 저건 저렇고 장황하게 얘기하고 있지만, 진정한 전문가는 저희 아버지 같은 분이 아닐까 합니다. 독자 여러분 가운데도 저희 아버지처럼 특별한 준비 없이도 은퇴 생활을 잘 하실 수 있는 분들이 있을 것입니다. 하지만 기대 수명이 100세를 향해 달려가고 있는 요즘 같은 때에는 이전보다 더욱 철저한 준비가 필요한 것은 분명한 사실입니다.

책의 1부에서는 재무적인 면에서 필요한 준비 항목을, 2부에서는 비재무적인 면에서 필요한 준비 항목을 구분해서 다루었습니다. 사실 모든 습관들은 유기적으로 연계되어 있어서 구분의 실익은 크지 않습니다. 예를 들어 '우아하게 가난해지는 습관'을 기르려고 몸을 많이 움직이다 보면 돈도 절약되고 건강도 좋아집니다. '취미를 만드는 습관'이나 '뇌를 쓰고 독학하는 습관'을 기르다 보면 그것을 통해 제2의 직업이 될 만한 무언가를 찾아 평생 현역으로 활동할 수도 있습니다.

인생 후반전을 다루는 글의 특성상 가장 많이 등장하는 용어는 '은퇴'입니다. 사전적 의미의 은퇴는 '직임에서 물러나거나 사회 활동에서 손을 떼고 한가로이 지내는 것'으로 완전히 일을 놓은 상태를 말합니다. 하지만 많은 경우 '주된 직장에서 물러나는 것' 즉, 퇴직과 같은 의미로 쓰이고 있습니다. 또는 '하기 싫은 일을 생계 때문에 억지로 하지 않는 것'을 은퇴로 보기도 합니다. 이렇게 다양한 의미로 쓰이고 있는 은퇴라는 단어를 독자 여러분께서는 문맥에 맞게 감안해서 읽어 주시면 좋겠습니다.

이 책의 아이디어는 좋은습관연구소의 이승현 대표님께서 제시해주신 것입니다. 이 기획이 없었다면 다른 책들과 마찬가지로 뻔한 얘기만 나열된 평범한 책이 되었을 것입니다. 그리고 제 책에 각종 예화로 등장하는 가족과 지인들께도 감사드립니다. 제가 50대이다 보니 제 나이를 전후한 동료나 선후배의 실제 사례가 책을 쓰는 데 큰 도움이 되었습니다. 덕분에 딱딱할 수 있는 글이 생생한 이야기로 거듭날 수 있었습니다. 그동안 제 팟캐스트에 출연 해주신 모든 출연자들께도 감사드립니다. 그분들 덕분에 조각조각 알고 있던 지식의 단편들이 은퇴의 지혜로 실체를 갖게 되었습니다. 그 중에서도 특히 미래에셋투자와연금센터 이상건 대표님께 받은 도움은 말로 표현하기 힘들 정도입니다. 팟캐스트 《강PD의 똘똘한 은퇴설계》 시작부터 첫번째 시즌이 끝나기까지 2년 반 동안 공동 진행자로서 수십년 동안의 독서와 경험으로 다져진 지식과 지혜를 프로그램에 대방출(?)해주셔서 너무나 큰 도움을 받았습니다. 남편 형산(炯山)에게도 감사드립니다. 대학에서 경영학을 전공한 남편은 저와 함께 수년간 은퇴에 관해 같이 공부하면서 제가 새로운 일을 시작하는 데 있어 듬직한 페이스메이커가 되어주었습니다. 제 글의 첫 독자로서 글의 오류를 지적해주고 적절한 예시를 생각해주기도 하면서 함께 책을 썼다고 해도 과언이 아닐 정도로 많은 도움을 주었습니다. 마지막으로 지금의 저를 있게 한 하늘에 계신 부모님께 이 책을 바칩니다.

2022. 1. 여의도에서 연금 부자 청윤(晴崙) 강성민

차례

1부   재무적 습관

1. 연금을 주기적으로 점검하는 습관   25
2. 적립식 투자로 연금을 키우는 습관   35
3. 보험계약 내용을 확인하는 습관   44
4. 우아하게 가난해지는 습관   53
5. 제2의 직업을 준비하는 습관   63
6. 새로운 소득원을 개발하는 습관   71
7. 세금에 대해 공부하는 습관   81
8. 상속 디자인을 하는 습관   90
9. 복지 제도를 알아보는 습관   98
10. 주거에 대해 생각해보는 습관   107

2부   비재무적 습관

11. 건강하게 아침을 맞는 습관   119

12. 소식을 잘하는 습관   128

13. 내 몸을 아끼는 습관   137

14. 주기적으로 치아 검진을 받는 습관   146

15. 취미를 만드는 습관   154

16. 정서연금을 쌓는 습관   164

17. 쓰지 않는 물건을 잘 버리는 습관   173

18. 뇌를 쓰고 독학하는 습관   182

19. 삶에서 의미를 찾는 습관   191

20. 죽음에 대해 생각해 보는 습관   199

더 읽기   211

1부

재무적 습관

1. 연금을 주기적으로 점검하는 습관

70대 은퇴자 A와 B가 있습니다. 은퇴하고 지방에 사는 A의 실물 자산은 시가 1억 원 집이 전부입니다. 반면 B는 거주하는 아파트와 금융 자산을 포함해 10억 원 정도를 소유하고 있습니다. 그런데 생활이 더 여유 있는 사람은 B가 아니라 A입니다. 무슨 이유에서일까요? 바로 '연금' 때문입니다. A는 전직 공무원이어서 매월 220만 원의 연금이 나옵니다. 반면 B는 따로 들어 놓은 연금은 없고 재산 10억 원 중 아파트가 대부분이고 나머지는 자동차, 보험적립금 등 유동성이 없는 자산입니다. 그래서 당장 쓸 수 있는 돈이 없습니다.

돌아가신 저희 아버지가 A와 비슷한 케이스였습니다. 아버지는 공무원이셨는데, 처음 일하셨던 곳이 전매청이었고

후에 KT&G(한국담배인삼공사)로 바뀌면서 공기업 직원이 되셨습니다. 이러한 이력으로 아버지는 특이하게도 정년퇴직을 하신 후 공무원연금과 국민연금을 동시에 수령하셨습니다. 그래서 아버지께서는 자산이 많지 않았음에도 자식에게 의존하지 않고 누구보다 여유로운 은퇴 생활을 즐기셨습니다. 그리고 당신 자신을 '연금 예찬론자'로 자임하셨습니다. 그 영향을 받아서인지 저도 지금 자발적인 '연금 전도사'가 되었습니다.

여러분은 제가 일하고 있는 KBS가 한국방송공사와 동의어라는 것을 잘 알고 계실 겁니다. 회사명에 '공사'가 붙어 있으니 KBS는 공기업입니다. 공기업 직원은 다른 회사원들과 마찬가지로 국민연금 가입 대상입니다. 그런데 간혹 KBS 직원을 공무원이라고 생각하고 퇴직하면 공무원연금이 나오는 걸로 알고 있는 사람들이 있습니다. S대를 나와 고등학교 선생님으로 재직 중인 제 친구도 그렇게 알고 있어서 깜짝 놀란 적이 있습니다. 그런데 그것보다 저를 더 놀라게 한 일이 있습니다. 그 친구는 교육 공무원이라 퇴직 후 공무원연금을 받고, 친구 남편은 건설 회사에 다니고 있기 때문에 국민연금을 받습니다. 그렇다면 이 부부는 은퇴 후 이 두 가지 공적연금의 조합만으로도 꽤 괜찮은 현금흐름을 가질 것입니다. 그래서 제가 친구에게 "넌 노후에 걱정이 없겠다. 너는 공무원연금이 나오고 너희 신랑은 국민연금이 나오니까" 이렇게 말했더니 친구는 "우리 신랑 국민연금은 50만 원도 안 될걸" 이렇게 대답하지 않겠습니까? 제가 알기로 친구 남편이 퇴직할 때쯤이면 근속연수가 30년이 넘을 거고, 회사 임원까지 올라갔으니 국민연금 불입액은 아마 최고 구간일 겁니다. 그렇다면 친구 남편은 친구가 생각하고 있는 액수의 몇 배나 되는 국민연금을 받을 건데, 그 친구는 몰라도 너무 모르고 있었습니다. 아마 부부가 노후의 현금흐름에 대해 중간 점검을 한 적이 없어 그런 것 같았습니다. 어쩌면 이 친구는 이미 자신이 받을 공적연금이 많아서 노후 현금흐름에 대해 그다지 관심이 없었는지도 모르겠습니다. 하지만 어떤 경우가 됐든 부부가 함께 연금에 대해 점검해보는 습관은 무척 중요합니다. 연금에 관심이 많을수록 노후에 더 많은 연금을 받게 된다는 조사 결과도 있습니다.

은퇴 이후 가장 중요한 것은 꾸준한 현금흐름 창출입니다. 현금흐름 창출을 위한 첫걸음은 다양한 연금 준비입니다. 세계은행은 1994년 보고서에서 안정적인 노후 생활을 위해서는 3층 연금 체계가 필요하다고 제시한 바 있습니다. 국민연금(공적연금), 퇴직연금(기업연금), 개인연금(사적연금)이 바로 그것입니다. 이중 공적연금은 직업에 따라 국민연금과 직역연금(職域年金)으로 나뉩니다. 공무원연금, 군인연금, 사학연금 등 직역연금은 퇴직금이 합쳐진 개념이라 보통 국민연금보다 수령액이 많습니다. 공적연금의 가장 큰 장점은 물가 상승률이 반영된다는 점입니다. 화폐의 시간 가치(현재 시점과 미래 시점의 화폐 가치를 비교하는 척도) 개념에서 볼 때 연금을 정액으로 받으면 해가 갈수록 가치가 하락하는데, 공적연금은 항상 구매력(화폐 1단위로 교환할 수 있는 재화나 서비스의 수량)이 유지되기 때문에 다른 연금에 비해 2~3배의 가치가 있습니다. 따라서 공적연금은 가능한 최대한을 준비하는 게 좋습니다.

국민연금에는 임의가입 제도 같은 게 있어서 이를 최대한 이용해서 프리랜서나 전업주부도 1층을 단단히 다져 놓는 것이 중요합니다. 제가 막 결혼을 한 후의 일입니다. 시어머니는 전업주부셨고 시아버지는 일찍 돌아가셔서 따로 연금 준비가 안 되어 있었습니다. 그런데 시어머니가 52세 때쯤 잠깐 일을 하신 적이 있어 그때 국민연금을 몇 달 낸 걸 우연히 알게 됐습니다. 그래서 59세에 국민연금 최소가입금액(당시 81,000원/현재는 90,000원)으로 '임의가입'을 하고 '추납(추후납부)'을 통해 7년 치를 일시에 납부했습니다. 그리고 3년을 더 불입해 납입기간 10년을 채웠더니 국민연금 수급자격이 생겼습니다.

임의가입 제도는 사업장 가입자나 지역 가입자가 될 수 없는 사람도 국민연금에 가입하여 연금 혜택을 받을 수 있도록 한 제도입니다. 그리고 추납은 가입자가 납부 예외를 신청한 기간의 보험료를 추후 한꺼번에 납부할 수 있도록 한 제도입니다. 시어머니께서는 임의가입과 추납제도를 이용해 만 62세부터 매달 18만 원을 받기 시작했는데, 매년 증액이 되어 현재는 월 20만 원 정도를 수령하고 계십니다. 만 70세까지 받은 액수만도 납입액의 두 배가 넘는 수준입니다.

국민연금은 아시다시피 가입 기간이 길면 길수록 연금 수령액이 많아집니다. 추납은 이 기간을 늘려주는 방법인데, 1988년 이후 군대에 다녀온 남자들만 이용할 수 있는 '군 복무기간 추납'이라는 꿀팁도 있습니다. 원래 추납은 한 달이라도 보험료를 납부한 적이 있어야 신청 가능하지만 군 복무 기간에는 그런 조건이 없습니다. 그래서 대학생 때 군 복무를 한 저희 남편도 이를 이용해 국민연금 가입 기간을 26개월 더 늘렸습니다. 군 복무기간 추납은 잘 알려지지 않아 매년 이를 이용하는 사람은 100명이 채 안 된다고 합니다. 남성분들이라면 국민연금 수령액을 늘리기 위해 이 제도를 이용할 것을 권장합니다. 비슷한 방법으로 재직 시 육아 휴직을 신청한 여성들도 추납을 통해 가입 기간을 늘릴 수 있습니다. 육아 휴직 기간은 납부 유예로 처리되어 국민연금을 내지 않아도 되는데, 납부 유예 기간을 나중에 추납으로 처리하면 휴직으로 인한 납입 단절을 메울 수 있습니다.

지금까지 연금탑의 1층 공적연금을 말씀드렸습니다. 이제 2층을 설명하겠습니다. 2층은 퇴직금이나 퇴직연금을 이용해 쌓은 기업연금을 말합니다. 요즘은 퇴직금 대신 퇴직연금 제도를 운용하는 기업이 훨씬 많습니다. 이런 기업에 입사하고 나면 퇴직금 관련해서 DB형을 할건지 DC형을 할건지 관련 부서로부터 질문을 받게 됩니다. DB형 퇴직연금은 퇴직금과 거의 비슷해 회사가 알아서 적립해주는 것입니다. 반면, DC형 퇴직연금은 회사가 일정액을 연금 계좌에 넣어주면 근로자가 알아서 그 돈을 운영하는 방식입니다. 그 외 개인적으로도 퇴직연금 계좌를 만들 수 있습니다. 이것을 개인형 퇴직연금(개인형 IRP)이라고 합니다. 개인형 IRP는 근로자가 은행이나 증권사에 직접 계좌를 만들어서 일정 금액을 넣고 나중에 연금처럼 받는 방식입니다. (DB형/DC형 퇴직연금, 개인형 IRP에 대해서는 '더 읽기'를 참고해주세요.)

이제 3층입니다. 3층의 개인연금은 세액 공제 혜택이 있는 연금저축(연금저축펀드, 연금저축보험 등)을 준비하거나 보험회사에서 판매하는 비과세 연금보험에 가입해서 준비할 수 있습니다. 전자는 연금을 낼 때, 후자는 연금을 받을 때 세금 혜택을 주는 상품입니다. 여력이 된다면 두 가지 다 준비하는 게 좋습니다. 하지만 하나만 택해야 한다면 저는 후자인 비과세 연금보험을, 그 중에서도 변액연금을 추천하고 싶습니다. 변액연금이란 불입금을 펀드에 투자하는 상품으로 투자수익이 커져도 10년을 유지하면 비과세 혜택을 누릴 수 있는 상품입니다. 연금에 관한 세제는 꽤나 복잡해서 세금까지 계산해가면서 연금 수령 계획을 짜려면 머리가 상당히 아픕니다. 그런데 비과세 연금보험(변액연금)은 연금 수령 때 비과세이기 때문에 세금 문제를 크게 신경 쓰지 않아도 됩니다. 또 당장의 세금혜택이 있는 연금상품(연금저축, 개인형 IRP 등)은 연금을 받을 때 세금으로 예상 연금액이 깎이는 반면, 비과세 연금보험은 예상 연금액 전액을 다 받을 수 있습니다. 연금 생활자가 되었을 때는 단돈 1만 원도 아쉽기 때문에 이런 점을 잘 고려해서 준비하는 게 좋습니다. (마찬가지로 '더 읽기'를 통해 보충 설명을 해놓았습니다.)

　1, 2, 3층의 연금은 오랜 시간에 걸쳐 준비하는 것이기 때문에 매월 적립금도 달라지고 금융기관도 여기저기 흩어져 있어 일목요연하게 보기가 어렵습니다. 그런데 이것을 한꺼번에 보는 방법이 있습니다. 금융감독원 홈페이지나 모바일 금융감독원 앱에서 '통합연금포털'을 이용하는 방법입니다. 여기서는 연금 적립액이 어디에 얼마가 쌓여 있는지 연금계약정보를 볼 수 있고, 지금 추세로 적립해 나가면 몇 살에 얼마의 연금을 받을 수 있는지, 예시 연금액도 조회해 볼 수 있습니다. 회원 가입을 하고 개인 정보 동의를 체크하면 신청

후 3거래일 후에 필요한 정보를 확인할 수 있습니다.

제가 여러 지인들에게 이 사이트를 알려주고 확인해보라고 하면 회원 가입이 귀찮아 안 하는 사람이 많습니다. 답답한 노릇입니다. 이것은 재무적인 은퇴 준비 상황을 점검할 수 있는 가장 간편한 방법입니다. 그래서 이조차도 귀찮아한다면 은퇴 생활을 계획하는 것 자체를 포기하는 것과 마찬가지라 할 수 있습니다. 통합연금포털은 여러분이 이제부터 친해져야 할 사이트입니다. 저는 한 달에 한 번씩 들어가서 연금 적립액이 얼마나 불어났는지 확인하고 있습니다. 저처럼 매달 들어갈 필요는 없겠지만 일 년에 한두 번 정도는 들어가서 확인해 보는 것이 좋습니다. 그렇게 하면 쌓이는 연금액을 볼 때마다 뿌듯한 마음이 들기도 하고, 연금이 부족하다 싶으면 더 준비해야겠다는 마음이 들기도 합니다.

지금까지 설명한 국민연금, 퇴직연금, 개인연금 이렇게는 대부분 취업과 동시에 적어도 한두 가지씩은 준비가 되겠지만, 때를 놓치거나 다른 이유로 준비를 미처 못 한 분들도 있습니다. 그런 경우에는 주택연금(역모기지론)이나 일시납연금(즉시연금)을 생각해볼 수 있습니다. 저는 이를 각각 4층, 5층 연금이라 부릅니다.

4층의 주택연금은 가입자가 본인 소유의 주택에서 평생 거주하며 매달 노후 생활 자금을 받을 수 있는 상품입니다.

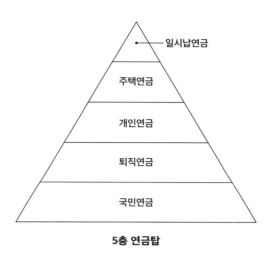

5층 연금탑

그리고 가입자가 사망하더라도 배우자에게 동일한 연금액이 보장되는 상품입니다. 주택연금은 종신토록 받을 수 있다는 장점이 있지만, 기본적으로는 주택을 담보로 한 대출(역모기지론)이기 때문에 이자가 상당 부분을 차지한다는 사실을 알아야 합니다. 그래서 이런 경우 주택 규모를 줄이고 그 차액을 금융 기관에 넣어 유동성을 확보하는 방법도 생각해볼 수 있습니다.

5층의 일시납연금은 목돈을 일시불로 넣고 연금 형태로 받는 것을 말합니다. 목돈을 그대로 가지고 있으면 사망 시까지 여러 가지 이유로 돈을 지키지 못하고 써버릴 우려가 있지만, 금융 회사에 맡기면 수수료는 있지만 안전하게 분할해서 지급해준다는 장점이 있습니다. 현재 일시납연금은 10년 이상 확정 기간형이면 1억 원까지, 종신형이면 전액 한 도 없이 비과세로 운영할 수 있습니다.

모든 사람이 연금으로 5개 층 모두를 쌓아야 한다는 것은 아닙니다. 하지만 노후에 어떻게 현금흐름을 만들 것인가는 누구나 깊게 고민해야 할 문제입니다. 일단은 통합연금포털 (100lifeplan.fss.or.kr)이라는 편리한 시스템을 통해 주기적으로 연금 준비 상황을 체크하는 것부터 시작해 보면 좋겠습니다.

2. 적립식 투자로 연금을 키우는 습관

우리나라 학생들이 전세계에서 수학을 아주 잘하는 편인데도 불구하고 '금융맹'이 많다는 사실은 아이러니가 아닐 수 없습니다. 부모들이 사교육비는 그렇게 많이 쓰면서도 금융교육은 전혀 하지를 않습니다. 모금융사에서 실시한 금융 이해도 평가에서도 저축과 투자의 차이를 구별하지 못하는 학생들이 많았다고 합니다. 어쩌면 부모 스스로 금융에 대한 지식이 없어서 그런 건지도 모르겠습니다.

저축은 원리금이 보장되는 상품이고, 투자는 어느 정도 리스크를 부담하면서 실적에 따라 배당을 해주는 상품입니다. 성인이라면 이 정도는 알고 있습니다. 그런데 투자는 원금 손실 우려가 있어 쉽게 하지 못하겠다는 사람들도 무척 많습니다. 하지만 투자 방식이 적립식이고 기간이 장기이면 원금 손실 위험은 거의 제로에 가깝습니다. 적립식의 원리는 간단합니다. 매월 같은 금액으로 주식이나 펀드, ETF(펀드를 주식처럼 주식 시장에서 사고팔 수 있게 상장해 놓은 것)에 투자하는 것입니다. 이때 주가가 높으면 조금 살 수 있고 주가가 떨어지면 많이 살 수 있습니다. 이것을 '코스트 에버리지 효과(Cost Average Effect)', 우리말로 '매입 단가 평준화 효과'라고 합니다. 적립식 투자 계좌에 있는 돈을 당장 꺼내 써야 하는 것이 아니라면, 투자하는 기간에 주가가 오르면 적립액이 커져서 좋고 주가가 떨어지면 추가 매수를 싸게 할 수 있어서 좋습니다. 이 방식을 이용하면 효율적으로 목돈을 만들 수 있고 연금 적립액도 크게 키울 수 있습니다.

우리나라에 적립식 투자가 도입된 초창기인 2004년, 저는 초등학교 6학년생인 조카를 위해 펀드 통장 하나를 개설했습니다. 조카가 대학생이 됐을 때 목돈을 만들어주고 싶었기 때문입니다. 그래서 통장에 매달 10만 원씩 4년 동안을 쌓은 후 다시 3년을 묵혀 대학 입학 때 찾도록 했더니 5백만 원이 채 안 됐던 원금이 1천만 원이 되어있었습니다. 투자 기간은 7년이었는데 100% 이상 수익을 낸 셈입니다. 그전에도 적립식 투자로 이익을 본 적 있지만, 장기 투자의 위력을 확실히 경험한 순간이었습니다. 물론 펀드라는 것은 어떤 상품에 투자하느냐도 중요하고, 원금손실 우려가 전혀 없는 것은 아닙니다. 하지만 앞서 말씀드린 것처럼 장기 투자를 하게 된다면 그 위험성은 현저히 줄어들게 됩니다.

그동안 저는 장기 투자를 하기에는 성질이 급한 편이라 적립식 투자를 하다가 중간에 어느 정도 수익이 나면 찾아 쓰곤 했습니다. 이는 특별한 목표를 정해두지 않고 돈을 모았기 때문입니다. 그런데 조카를 위한 적립식 투자는 용도가 확실했고 기간을 정해 두고 돈을 넣었기 때문에 7년 동안 빼지 않고 버틸 수 있었습니다. 알고 보면 7년도 장기 투자라고 하기에는 짧은 기간입니다. 물론, 제가 얻은 투자 성과가 계속해서 유지된다는 보장은 없지만 비슷하게 된다고 가정하면 7년에 두 배가 되었으니 14년이면 네 배, 28년이면 여덟 배가 됩니다. 이것을 흔히 '복리(複利)의 마법'이라고 합니다.

복리의 마법을 가장 효과적으로 누릴 수 있는 계좌가 바로 노후 자금 마련 용도인 연금 계좌입니다. 미국에는 '401K'라는 퇴직연금 제도가 있습니다. 이것은 우리나라의 DC형 퇴직연금과 비슷한 제도로 근로자 퇴직소득보장법 401조 K항에 규정되어 있다고 해서 그런 이름이 붙었습니다. 아시다시피 미국 증시는 지난 10년간 주가지수가 세 배 이상이나 상승했습니다. 중간에 등락이 있긴 했지만 연평균 20%씩 오른 셈입니다. 전문가들은 미 증시의 성장 동력에도 401K 제도가 큰 역할을 했다고 합니다. 각 근로자의 퇴직금이 401K 계정을 통해 증시로 흘러 들어와 지수를 뒷받침했기 때문입니다. 그래서 최근 역대급 상승장인 미국에서는 연금만 넣고도 부자가 되는 '401K 백만장자'가 증가하고 있습니다.

백만장자(100만 달러, 한화로 약 12억)라고 하면 나와는 전혀 상관없는 얘기 같습니다. 하지만 복리의 마법을 이용하면 12억 정도를 연금 계좌에 쌓는 일이 그리 어렵지 않은 일이 될 수 있습니다. 예를 들어, 연 6,000만 원의 급여를 받고 있다고 해보겠습니다. 회사에서 퇴직연금 계좌로 연 500만 원이 이체됩니다. 그리고 개인적으로 연금저축과 개인형 IRP에 연봉의 12% 정도인 700만 원까지 더 넣는다고 가정하겠습니다. 이렇게 되면 년 1,200만 원을 연금 계좌로 보내는 게 가능합니다. 3개의 연금계좌(DC형 퇴직연금, 연금저축, 개인형 IRP)의 수익률이 각각 7.2%(원금이 10년 후 두 배가 되는 수익률)라고 가정했을 때 1,200만 원씩 30년을 적립하게 되면 12억 원이 됩니다. 물론 7.2%라는 것이 고정 금리가 아닌 가정에 의한 계산이지만 연금 운영만 잘해도 백만장자가 된다는 것이 그저 남의 이야기만은 아니라는 것을 알 수 있습니다. 그래서 적립식 연금 투자는 하루라도 빨리 습관으로 만드는 것이 중요합니다.

우리나라의 모든 회사가 DC형 퇴직연금을 채택하고 있

는 것은 아닙니다. 퇴직금 제도나 DB형 퇴직연금 제도를 택하고 있는 회사도 있습니다. 이 경우 퇴직 시 받을 금액이 정해져 있고 원리금이 보장되기 때문에 매우 안정적이지만 수익률 면에서는 다소 떨어질 수 있습니다. 그래서 그런 사람이라면 사적연금을 좀 더 공격적으로 투자하는 게 좋습니다. 또 은퇴 즈음에 퇴직금이나 퇴직연금을 증권사 IRP로 옮겨 이것을 투자상품으로 운용하면서 연금으로 활용할 수도 있습니다.

현재 저는 수입의 꽤 많은 부분을 사적연금 계좌에 불입하고 있습니다. 그러나 아직까지는 연금 적립액을 많이 불리진 못했습니다. 연금 수익률에 대해 신경을 쓰게 된 게 겨우 3년 정도밖에 되지 않아서 그렇습니다. 그래도 최근 3년간 평균 수익률은 연 10%에 달하고 있기 때문에 앞으로 잘 운용한다면 상당히 불릴 수 있을 거라 생각합니다. 제가 원래 가지고 있던 상품은 2004년에 은행에서 가입한 연금저축신탁(2017년까지 은행에서 취급하던 원리금보장 상품)으로 한동안은 수익률이 괜찮았습니다. 그런데 최근 몇 년 사이 금리가 점점 낮아지면서 수익률이 1%까지 떨어졌습니다. 수익률이 낮다고 해지를 하게 되면 지금까지 받은 세제 혜택을 세금(기타소득세, 16.5%)으로 토해내야 합니다. 그래서 이걸 어찌해야 하나 고심이 많았습니다. 그런데 3년 전, 연금저축 상품을 아무 불이익 없이 다른 금융기관으로 옮길 수 있는 제도를 알게 되고 고민을 덜 수 있었습니다. 그 제도는 바로 '연금저축 계좌 이전 제도'입니다. 기존에 은행, 보험사, 증권사에 가입한 연금저축신탁, 연금저축보험, 연금저축펀드를 다른 금융기관의 연금저축계좌로 갈아타 자유롭게 여러 가지 상품으로 운용할 수 있도록 한 제도입니다. 연금 상품은 장기 상품이고 가입한 금융 회사의 안정성, 운용 수익률 수준 등에 따라 선호도가 달라질 수 있기 때문에 세제상 불이익이 없게끔(인출로 보지 않음) 내가 가입한 금융 회사를 옮길 수 있도록 해두었습니다. 요즘은 편리하게도 기존 거래 기관을 따로 방문하지 않고 새로 거래할 곳만 방문해도 알아서 이체를 해주고 있습니다. 심지어는 금융기관 방문 없이 모바일로도 이체가 가능합니다.

저는 이 제도를 이용해서 은행에 있던 계좌를 증권사로 이전해 수익률을 높였습니다. 증권사의 연금 계좌는 펀드뿐만 아니라 ETF로도 운용이 가능합니다. 그렇기 때문에 더더욱 효과적으로 연금 운용을 할 수 있습니다. 최근에는 연금저축이 계좌 형태로 바뀌었지만, 2013년 이전에는 연금저축이 세 가지 형태(신탁, 보험, 펀드)로 존재했는데, 금융감독원 자료를 보게 되면 이 가운데 2020년말 현재 연금저축보험의 가입자가 72.3%로 가장 많습니다. 연금저축펀드의 가입자는

12.5% 수준에 있지만 다음 표에서 보는 바와 같이 2019년, 2020년의 수익률을 비교해보면 원리금 보장상품(신탁, 보험)에 비해 연금저축펀드의 수익률이 압도적으로 높습니다. 물론 펀드가 투자상품이다 보니 매년 수익률 변동폭은 큽니다. 하지만 그것을 고려하더라도 저축상품과 투자상품은 장기적인 수익률에서 큰 차이가 납니다.

구분	생보	손보	신탁	펀드	전체
2019년	1.84%	1.50%	2.34%	10.50%	3.05%
2020년	1.77%	1.65%	1.72%	17.25%	4.18%

납입 원금 대비 연금저축 수익률 (출처: 금융감독원홈페이지)

수익률의 차이가 수년에서 수십 년간 누적되면 연금 적립액의 차이는 몇 배 혹은 몇십 배가 됩니다. 그래서 노후 대비용으로 연금을 불입할 경우, 자유로운 투자를 할 수 있는 증권사 계좌를 이용하는 게 좋습니다.

금리가 높을 때는 신탁이나 보험이 펀드보다 안정적이고 수익률도 괜찮았습니다. 하지만 지금은 투자 상품에 대한 니즈가 커진 상황이라 좀 더 다양한 투자가 가능한 곳으로 계좌 이전을 고려해 보는 게 좋습니다. 저는 이 방법을 지인들에게 많이 추천했습니다. 그런데 그 과정에서 자신이 가입한 연금을 정확하게 알고 있는 사람이 거의 없다는 걸 알게 되었습니다. 앞 장에서 언급한 고등학교 선생님으로 있는 친구는 공적연금 외에 사적연금도 가입하고 있었는데, 본인이 연금상품에 가입하고 있다는 사실조차도 모르고 있었습니다. 이 친구는 극단적인 편에 속하겠지만, 여러분들중에서도 통합연금포털에 들어가 보았다가 자신이 가입한 줄도 모르고 있는 연금을 찾아낸 경우가 있을 것입니다. 이런 일이 일어나는 이유 대부분이 연금 가입 때 본인이 잘 알아보고 하는 게 아니라 지인 부탁으로 가입하거나 주거래 은행에 갔다가 직원 추천(연말정산을 잘하려면 꼭 가입해야 한다는 등)으로 가입한 경우가 많았기 때문입니다. 이런 분들은 일단 내가 가입한 연금이 연금저축신탁인지 연금저축펀드인지 혹은 연금저축보험인지도 모르고, 연금을 불입한 해에 세제 혜택을 받는 세제적격(稅制適格) 연금인지 연금을 탈 때 세제 혜택을 받는 비과세 연금보험인지도 구별하지 못합니다. 이를 정확하게 알아야 하는 이유는 나중에 연금을 받을 때 세금을 얼마나 내는지 알아야 매월 실수령액을 정확히 알 수 있기 때문입니다.

지금 여러분의 연금이 어떤 상품에 들어 있는지 확인해보고 연금 포트폴리오를 확인해 보세요. 원리금 보장 상품 비중이 너무 높다면 일단 투자 상품으로 갈아타서 이제부터 연금 수익률을 높이려는 노력을 시작해 보세요. 그것만으로도 '연금 백만장자'에 성큼 다가서게 됩니다.

3. 보험계약 내용을 확인하는 습관

저는 몇 년 전부터 은퇴 설계와 관련해 회사 사람들에게 무료 컨설팅을 해주고 있습니다. 한번은 동료 PD인 J가 자신이 오래전에 가입한 종신보험에 대한 의견을 구했습니다. 보험료를 십 년 넘게 내고 있는데, 해지 환급금이 그동안 낸 보험료에 근접하고 있다면서 이제 손해를 보지 않게 되었으니 해지를 하는 것이 어떻겠느냐는 것이었습니다. 이 친구는 보험료 지출이 너무 많아 부담이 된다거나 특별히 목돈이 필요한 것은 아니었습니다. 그냥 그동안 혜택을 한 번도 못 받은 것이 억울하기도 하고 보험료 내기가 지루하다는 이유였습니다. 그래서 제가 보험 증서를 받아 검토를 해보았더니, 주계약은 특별할 건 없는데 80살까지 암 치료비, 수술비, 입원비를 보장받는 특약이 아주 잘 설계되어 있었습니다. 저는 J에게 반드시 유지해야 하는 보험이니 특약을 충분히 이용하고, 종신보험이 필요하지 않는다고 생각되면 나중에 연금으로 전환하라고 팁을 주었습니다. 그 보험은 특약만으로도 지금 내는 보험료에 몇 배 이상의 가치가 있었습니다. 지금까지는 쓸 일이 없었지만 이제부터는 혜택 볼 일만 남았고, 지금 해지하면 보험사가 만세를 부를 거라는 말도 덧붙였습니다.

2000년대 초반까지 가입 가능했던 예전의 종신보험은 예정 이율이 높아서 지금 기준으로 보면 보장대비 보험료가 말도 안 되게 저렴했습니다. 일례로 제가 2001년에 가입한 20년 납 종신보험은 사망 시 1억 원을 보장하는 상품입니다. 주계약의 보험료는 월 64,000원입니다. 제가 언제 죽을지 모르지만 20년간 총 1,536만 원을 내면 언제 어떤 이유로 사망하든 1억 원이 나오는 상품입니다. 암 특약의 경우 더 효율적입니다. 31,500원씩 20년을 내면 80세까지 암 진단비(갑상선암 포함)로 6,000만 원, 수술비로 2,400만 원이 보장됩니다. 이렇게 넉넉한 보장이 가능했던 이유는 가입 당시 예정 이율이 높았기 때문입니다. 당시에는 7.5%였지만 지금 판매되고 있는 보험은 2% 초반대로 낮아졌습니다. 그래서 이 정도의 보장을 받기 위해서는 수십만 원의 보험료를 더 내야합니다. 그런데 지금은 보험이 개악(改惡)되어 더 비싼 돈을 내더라도 똑같은 보장을 해주는 상품은 찾을 수도 없습니다.

J가 가지고 있는 상품은 저보다 몇 년 늦게 가입한 종신보험입니다. 그래도 특약은 저와 거의 비슷했습니다. 1종, 2종, 3종으로 구분되어 있는 수술비 특약이 있어서 2종 수술에 포함되는 치조골 이식 수술은 임플란트를 할 때에도 적용되는 것이었습니다. J는 몇 년 전에 임플란트 수술을 했는데, 보험금 청구가 된다는 사실을 몰랐습니다. 그래서 제 말을 듣고 뒤늦게 보험금 청구를 했습니다(수술 후 3년 이내라면 보험 회사의 지급 의무가 아직 남아있습니다). 이 특약은 임플란트를 할 때마다 보험금을 받을 수 있기 때문에 80세까지 임플란트 10개를 하면 10번, 20개를 하면 20번의 보험금을 받을 수 있습니다. 그런데 2007년 이후 나온 생명보험 수술비 특약은 수술을 1종, 2종, 3종, 4종, 5종으로 더 세분화하면서 치조골 이식 수술은 보장 범위에서 아예 빼버렸습니다. 그래서 이제는 보험료를 아무리 많이 내더라도 같은 보장을 받을 수가 없습니다.

우리는 자신이 가진 보험에 대해 정말 아는 것이 없습니다. 원래는 계약을 담당하고 있는 보험 설계사가 꾸준히 고객을 관리하면서 알려주어야 하는 것이 정석입니다. 하지만 우리나라 보험 시장은 설계사의 잦은 이직 탓에 고아 계약이 많습니다. 그래서 내가 갖고 있는 보험이 어떤 것을 보장하는지 스스로 파악해 두지 않으면 안 됩니다. 가입한 보험의 약관에 자세한 보장 내용이 나와 있긴 하지만 일반인이 보험 약관을 다 읽고 이해하는 것은 불가능에 가깝습니다. 그래서 보험을 잘 아는 사람에게 수시로 물어보는 것이 가장 좋은 방법입니다.

그리고 살다 보면 여러 가지 이유로 보험료 내기가 부담스러울 때가 있습니다. 이때 쓸 수 있는 방법이 바로 '감액완납(Reduced Amount Paid-up)'입니다. 이 방법은 보험료 납입이 어려워졌을 때, 보험 계약 기간과 보험금 지급 조건은 변경하지 않고 보험 가입 금액만 감액하는 것을 말합니다. 예를 들어 20년 납인 1억짜리 종신보험의 보험료를 15년간 냈는데, 감액완납을 하게 되면 주계약이 7천 5백만 원(정확한 수치는 아님) 정도로 감액이 됩니다. 보험을 해지하는 것이 아니기 때문에 주계약이 줄어들어도 특약을 살릴 수 있다는 장점이 있습니다. 감액완납은 모든 보험에 해당되지 않고, 주로 사망을 주계약으로 하는 생명보험사의 종신보험, CI보험(중대 질병 보험)등 일부에서만 가능합니다. 대신 감액완납을 하면 갱신형 특약은 살릴 수가 없습니다. 또, 변액보험이나 유니버셜 기능(입·출금통장과 유사하게 보험적립금을 중도에 인출할 수 있는)이 있는 보험은 감액완납 자체가 안 됩니다. 대신 유니버셜 기능이 있는 보험은 '월대체'라는 게 있어 한동안 보험료를 내지 않고도 보험 효과를 얻을 수 있는 방법이 있습니다. 보통 2년 이상 납입한 경우 월대체가 가능한데, 월대체 보험료는 월 납입 보험료보다 작아 생각보다 꽤 오랜 기간을 유지할 수 있습니다. 물론 그렇게 유지하다가 적립보험료가 고갈되면 그때는 다시 보험료를 내거나 해지를 해야 하겠지만, 한시적인 유동성 위기가 왔을 때는 이용해 볼 만한 기능입니다.

저는 보장성보험을 좋아하는 편은 아닙니다. 그래서 암 치료비와 수술비 특약이 부가된 종신보험과 실비보험 정도만 가지고 있습니다. 현재는 갱신형 실비보험을 제외하고는 모두 완납을 한 상태입니다. 퇴직 전에 보장성 보험료를 완납할 수 있도록 신경써서 가입했기 때문에 지금은 보험료 부담이 없습니다. 하지만 저와 다르게 보험 가입 때 30년 납이나 65세 납, 70세 납을 선택해 퇴직 후까지 보험료를 내는 분들이 있습니다. 가입 당시 납입 기간을 길게 잡은 이유는 월납 보험료가 저렴했기 때문입니다. 하지만 지금 당장 보험료가 싸다고 하더라도 종료 시점을 꼭 고려해서 납입 기간을 결정해야 합니다. 나이가 들면 단돈 몇만 원이 아쉽기 때문입니다. 그래서 보험 가입을 할 때 자신이 언제까지 경제 활동을 할 것인지 고려해서 조금 비싸더라도 은퇴 전까지 완납이 가능하도록 설계하는 것이 중요합니다.

최근에는 여러 매체에서 보험 리모델링을 권하다 보니 보험 납입 기간이 짧아지기는커녕 오히려 길어지는 경우도 있습니다. TV를 켜면 케이블 채널에서 보장 분석과 보험 리모델링을 권하는 프로그램이 수시로 나오고, 심지어는 공중파 라디오 프로그램에서까지도 그런 코너가 등장하고 있습니다. 여기저기 무료로 보장 분석을 받아보라고 권하는가 하면 휴대폰을 켜면 모바일 보장 분석 앱을 다운받으라는 광고도 수시로 뜹니다. 그러다보니 보험 리모델링을 하지 않으면 안 되는 건가 생각을 하게 됩니다. 그런데 이 모두가 보험 마케팅의 한 방법이라는 사실을 잊으면 안 됩니다. 금리가 낮아지면서 보험사의 수익성이 예전 같지 않다 보니 기존 보험을 해지시키고 새로운 보험 가입을 유도하는 것입니다. 광고를 보고 보험 리모델링을 했다는 지인을 여럿 보았는데, 잘 살펴보면 원래 가지고 있던 보험이 더 나은 경우가 많습니다.

보통 우리가 보험을 가입할 때 스스로 공부해서 계획적으로 가입하기보다는 아는 사람의 권유로 하나씩 들다보니 보장 설계가 제대로 안 된 경우가 많습니다. 중복해서 가입되어 있거나 굳이 필요 없는 보험에 가입되어 보험료가 새는 경우도 있습니다. 그래서 중간 점검을 해보는 것은 분명 필요한 일입니다. 특히 퇴직이 얼마 남지 않았다면 꼭 해봐야 합니다. 하지만 보험 리모델링을 쉽게 결정하거나 아무에게나 맡기는 것은 매우 위험한 일입니다. 보험 판매사의 보장 분석 프로그램은 필요한 보장을 아주 세분화해놓고 이게 빠져 있으니 이것을 보강해야 한다는 식으로 말합니다. 듣고 있다 보면 그래야만 할 것 같습니다. 하지만 모든 보장을 촘촘하게 해 놓으려면 한 달 보험료만으로 몇백만 원을 써야 할 지도 모릅니다. 보험은 만약의 사태를 대비하는 것인데, 그 '만약'에는 끝이 없기 때문입니다. 사실 우리나라는 외국보다 공적 의료시스템이 잘 준비되어 있는 편입니다. 그래서 사적으로는 실비보험 정도만 준비해도 웬만한 병원비는 다 커버가 됩니다. 실비보험 이외 드는 보험은 치료비 말고 다른 비용을 생각해서 든다고 보는 것이 더 낫습니다. 예를 들어 암 진단비 보험은 암에 걸려 아파서 직장에 못 나가면 생활이 어려워져 생활비로 쓰려는 용도이고, 간병비 보험은 간병할 사람이 없거나 가족 간병이 부담스러우니 간병인을 따로 고용하기 위한 용도로 보는 것입니다. 이는 치료비와는 다른 개념이라 할 수 있습니다.

젊었을 때 싼 비용으로 진단비나 간병비 보험을 준비했다면 모를까 퇴직이 얼마 남지 않은 시점에서 장기(20년 납, 75세 납 등)로 새로운 보험에 가입하는 것도 현명하지 않은 선택입니다. 현금흐름이 원활하지 않은 노후에는 분명 유지에 어려움을 겪게 됩니다. 그리고 정작 필요할 때는 해지 상태가 될 확률이 높습니다. 그러니 퇴직이 가까워졌거나, 퇴직 이후에는 보험으로 의료비를 준비하는 것보다는 별도 통장으로 돈을 모아두는 것이 낫습니다. 지인 가운데 퇴직 후까지 보장성 보험료를 내느라 허리가 휜다고 말씀하시는 분들이 많습니다. 모 보험사의 광고처럼 보험이 우리의 걱정을 대신 짊어져 주면 좋으련만 보험료 때문에 또 다른 걱정을 하게 되니 주객이 전도된 꼴입니다.

저는 지금 보장성 보험료 납입을 끝냈기 때문에 그 여유분을 생명보험사의 비과세 연금보험에 넣고 있습니다. 기존에 가지고 있던 연금이 몇 개나 있었음에도 3년전 생명보험사 연금에 새로 가입한 이유는 이렇습니다. 제가 가지고 있는 연금 중 죽을 때까지 받을 수 있는 종신형 연금은 국민연금밖에 없습니다. 예전에 **보험에 가입한 개인연금보험은 적립액이 상당히 크지만 **보험이 손해보험사이기 때문에 최대 25년까지만 수령이 가능했습니다. 그런데 만약 제가 평균 수명을 넘어서 살게 된다면? 연금수령액은 급감하게 됩니다. 그래서 그 이후를 대비할 수 있게 생명보험사의 비과세 연금보험을 뒤늦게나마 하나 더 가입한 것입니다. 이 연금보험에는 유니버셜 기능이 있습니다. 그래서 노후에 목돈이 필요한 일이 생기면 이 기능을 이용하려고 합니다.

보장성 보험에 너무 많은 지출을 하는 것은 현명하지가 않습니다. 가장 걱정이 되는 일부 위험만 보험으로 커버하고 나머지는 저축 여력으로 연금에 가입해 노후 연금소득을 최대한 많이 만들어 두는 게 가장 좋은 방법입니다. 자동차 사고가 일어날 확률은 희박하지만 모두가 자동차 보험에 가입합니다. 반면 우리가 퇴직 후 몇십 년을 더 살 확률은 확실한 것임에도 연금에는 다들 무심합니다. 그러니 연금은 단순한 금융상품이 아니라 자동차보험처럼 꼭 필요한 것이라는 사실을 명심하셨음 합니다.

4. 우아하게 가난해지는 습관

수입이 줄어드는 인생 후반전에 물질적인 결핍을 걱정하는 사람들이 많습니다. 하지만 우리가 느끼는 풍요나 결핍은 상대적인 경우가 대다수입니다. 생활 양식을 바꾸게 되면 필요한 은퇴 자금도 자연스럽게 조정됩니다. 그래서 은퇴 전부터 우아하게 가난해지는 생활 습관을 갖는 게 중요합니다.

『우아하게 가난해지는 법』은 동독 출신 기자 알렉산더 폰 쇤부르크가 쓴 책입니다. 이 책에는 돈이 많지 않아도 우아하게 살 수 있는 방법이 소개되어 있습니다. 우리가 생활 양식을 바꾸면 '문화적 금수저'로서 우아하게 살 수 있다는 것이 이 책을 관통하는 주제입니다. 문화적 금수저라는 말이 다소 생소할 수 있는데, 물질적으로 부유한 삶을 '금수저'라고 한다면 물질적인 것보다는 정신적으로 풍요로운 삶을 추구하는 것을 '문화적 금수저'라고 합니다. 예를 들어 고가의 미술품을 소유하고 있어도 그것을 즐길 줄 모른다면 미술품의 가치를 진정으로 아는 사람보다 부자라고 말할 수 없습니다. 마찬가지로 비싼 공연 티켓을 부담 없이 살 수 있는 사람이라도 공연 내내 코를 골고 있다면 문화적 금수저라 말할 수 없습니다.

보통은 은퇴 후에 소비 수준을 낮출 수 있다고 생각하지만 하루아침에 소비 수준을 낮추기는 쉽지 않습니다. 이것을 경제학에서는 '소비의 톱니효과(Ratchet Effect)'라고 합니다. 굳이 경제학을 거론하지 않더라도 우리가 경험적으로 알고 있는 사실입니다. 따라서 생활비를 줄이는 일은 은퇴 전부터 충분한 시간을 두고 천천히 해야 합니다. 그리고 은퇴 후 생활비를 가늠해 필요한 자금이 얼마인지 산출해보는 것도 무척 중요한 일입니다. 저도 오래지 않아 퇴직할 거라 지출을 점차 줄여 나가야겠다는 생각을 오래전부터 하고 있었습니다. 하지만 생각보다 실천이 쉽지 않았습니다. 최근 들어 하나씩 작은 실천을 해보고 있는데, 예를 하나 들어보겠습니다.

저는 원래 화장품 지출이 많은 편은 아니지만 그래도 바디용품만큼은 고가의 브랜드 제품을 이용했습니다. 그런데 며칠 전 바디워시가 떨어져 원래 쓰던 6만 원대의 A사의 제품을 인터넷으로 주문하려다 "굳이 비싼 것을 쓸 필요가 있을 까? 바디워시는 씻어내고 나면 그만인데, 바디로션만 좋은 걸로 쓰면 되지 않을까?" 이런 생각을 했습니다. 사실 바디 제품을 포함한 화장품류는 비싼 것이나 싼 것이나 성분 차이 는 거의 없습니다. 향기를 내는 성분 정도만 변주됩니다. 이 것은 상식이기도 하지만, 제 동생이 첫 직장인 화장품 회사 에 다닐 때 확인해준 사실입니다. 그래서 6만 원대 A사 제품 대신 1만 원대 B사 제품을 써봤습니다. 단숨에 5만 원을 절약 했는데, B사 제품도 훌륭해서 사용감의 차이는 거의 느낄 수 없었습니다. 더 절약을 하려면 바디워시 뿐만 아니라 바디로 션까지도 저렴한 것으로 바꾸면 좋겠지만 이것까지는 양보 하지 않았습니다. 제가 쓰는 C사의 바디로션은 온종일 은은 한 향기가 나서 저의 기분을 리프레시해주기 때문입니다. 저 는 이를 즐기는 편인데, 좀 비싸긴 하지만 그 정도의 호사는 누릴만한 가치가 있다고 생각했습니다. 이처럼 절약을 한다 고 해서 모든 부분을 쥐어짤 필요는 없습니다. 아낄 수 있는 부분은 아끼더라도 요소요소에 '나를 위한 호사' 몇 개 정도 는 남겨두는 것이 삶의 질 측면에서 좋습니다.

언급한 대로 줄일 수 있는 것들을 하나씩 줄여가는 것이 우아하게 가난해지는 첫 번째 스텝입니다. 그러려면 현재 생 활비를 얼마나 쓰고 있는지부터 파악해야 합니다. 여기에는 가계부 작성이 도움이 됩니다. 저는 20대 때부터 가계부를 썼습니다. 예전에는 수기로 썼지만 몇 년 전부터는 가계부 앱을 이용하고 있습니다. 제가 쓰는 앱은 '뱅크샐러드'인데, 이것 말고도 '네이버 가계부'나 '편한 가계부' 등 다양한 앱이 나와 있습니다. 30년 동안 꾸준히 가계부를 썼지만 수기로 쓸 때에는 절약에 큰 도움이 되지 못했습니다. 그 이유는 어디에 얼마를 썼는지 파악하는 용도로만 가계부를 활용했지 그것으로 소비 패턴을 검토하고 소비 습관을 바꾸려는 노력은 하지 않았기 때문입니다. 그런데 가계부 앱을 이용하면서부터는 생활비에서 고정비와 변동비를 구분하고 좀 더 세부적으로 소비 패턴 분석이 가능하다보니 절약할 부분 찾기가 한결 쉬워졌습니다.

생활비를 절약하려면 변동비를 줄이는 것이 당연하지만 고정비 지출을 최소화하는 것을 먼저 생각해야 합니다. 요즘 고정비 관련해서 늘고 있는 것 중 하나가 바로 구독 서비스 이용료입니다. 기업들은 회사의 원활한 현금흐름을 위해 어떻게 하면 소비자의 월 결제를 유도할 수 있을지 고심합니다. 컨설팅 회사 맥킨지의 분류로 보게 되면 구독 서비스는 보급형, 추천형, 권한형이 있습니다. 보급형은 생활필수품과 같이 사용주기가 정해진 제품입니다. 추천형은 꽃이나 와인같이 새로운 경험을 할 수 있는 제품입니다. 권한형은 컴퓨터 프로그램이나 OTT 서비스(드라마, 영화 등 영상 콘텐츠를 인터넷으로 제공하는 서비스) 같이 접근 권한을 주는 제품입니다. 구독 서비스를 이용하게 되면 보통 일회성으로 구입하는 것보다 훨씬 저렴합니다. 하지만 정기 결제가 되다 보니 어떤 때에는 사용하지 않고도 돈을 내야 하는 일이 생깁니다. 따지고 보면 안 써도 될 돈을 쓰는 것이라 할 수 있습니다. 몇 년전 저는 반찬 배달 구독 서비스를 이용한 적이 있습니다. 처음 몇 주간은 새로운 반찬이 배송되어 대부분 잘 먹었습니다. 그런데 점점 비슷한 맛이 나는 반찬이 지겨워지고, 간도 집에서 만들어 먹는 것보다 센 것 같아 반 이상은 못 먹고 버리게 되었습니다. 그럼에도 바로 끊지를 못했습니다. 사람에게는 '현상 유지 편향' 같은 게 있습니다. 없어질 것을 생각하면 불안하고 다시 쓸 것처럼 생각이 됩니다. 이런 경험은 여러분도 자주 해보셨을 겁니다. 자동 결제가 만연한 세상에서 고정비를 줄이기 위해서는 정기 결제를 관리하는 과감성이 필요합니다.

구독 서비스와는 좀 다른 개념이지만, 기업들이 일시불로 팔지 않고 렌탈이나 리스 방식으로 제공하는 제품도 있습니다. 자동차나 가전제품처럼 덩치가 큰 것에서부터 정수기나 연수기, 비데 같은 작은 물품까지. 이 또한 고정비 격으로 계속 지출이 발생하는 것들입니다. 저는 고정 지출을 싫어해 렌탈이나 구독 서비스에 해당하는 것은 되도록 지양하는 편입니다. 그런데 딱 하나 이용하는 것이 있습니다. 바로 유튜브를 볼 때 광고를 보지 않아도 되는 '유튜브 프리미엄' 서비스입니다. 넷플릭스도 보지 않고 정수기도 쓰지 않는 제가 이것만큼은 나를 위한 호사로 남겨두고 있습니다. 최근 유튜브를 이용해 공부하는 일이 많아졌는데, 중간 중간 광고를 보게 되면 공부에 대한 집중력이 떨어지기 때문입니다.

고정비인 구독 서비스가 은퇴 생활에 꼭 부정적인 것만은 아닙니다. 넷플릭스나 웨이브, 왓챠 같은 OTT서비스는 은퇴 후 여가를 보내는 데 있어서 가격대비 효용이 좋다고 할 수 있습니다. 그리고 DVD 같은 실물 디스크를 구매해서 보는 것이 아니라 스트리밍으로 보는 방식이다 보니 미니멀 라이프에 대한 실천도 됩니다. 그리고 조리된 반찬을 직접 배송받는 것 말고 반조리 상태의 밀키트를 구독하는 것도 이용할 만합니다. 집밥 만들기가 부담되는 분들의 수고를 줄여줄 수 있기 때문입니다. 이처럼 구독서비스의 장점을 잘 취하기만 한다면 은퇴 생활에도 큰 도움을 얻을 수 있습니다.

그리고 은퇴 생활비를 가늠할 때 현역 시절의 생활비 계산과 차이가 나는 항목이 몇 가지 있는데, 반드시 알고 있어야 하는 것이 있습니다. 그중 가장 대표적인 것이 건강보험료입니다. 퇴직한 선배들이 한결같이 부담스러워하는 항목이 바로 건강보험료입니다. 어떤 경우 부담을 넘어 고통으로 다가오기도 한다고 합니다. 현역 시절 직장 가입으로 건강보험료를 내왔던 사람은 회사에서 반을 내주고 본인 부담분도 월급에서 선 공제가 되니 그동안 건강보험료로 자신이 얼마를 내고 있었는지 모르는 경우도 많았습니다. 하지만 지역가입자로 전환되는 순간, 소득뿐만 아니라 재산도 보험료로 산정이 되기 때문에 생각보다 많은 돈이 빠져나가는 것을 알게 됩니다. 예전에는 직장 다니는 자녀에게 얹혀 피부양자로 등록되는 경우도 많았지만 지금은 피부양자 자격 요건이 점점 까다로워지면서 일정 수준의 집을 갖고 있거나 약간의 소득이라도 있게 되면 은퇴자라도 피부양자로 이름 올리기가 쉽지 않습니다. 이처럼 지역가입자가 되면서 갑자기 보험료가 크게 올라 부담을 느끼시는 분들에게 드릴 수 있는 팁이 '건강보험 임의계속가입' 제도입니다. 퇴직 후 산정된 보험료가 직장 다닐 때 내던 것(회사가 내주는 50% 포함)보다 많다면 이 제도를 이용해 직장에서 내던 수준의 보험료를 한동안 유지할 수 있습니다. 지역 가입자로 보험료 납부를 고지받은 날부터 2개월이 지나기 전까지 국민건강보험공단에 자격 유지 신청을 하게 되면 최대 36개월까지 이전에 내던 금액으로 보험료를 납부할 수 있습니다.

　　은퇴 후 승용차 유지 여부에 따라서도 생활비 차이가 크게 납니다. 변동비에 속하는 기름값은 차치하더라도, 매년 내야 하는 자동차세와 자동차보험료를 합해 월할 계산을 하면 이것만 해도 10만 원이 훌쩍 넘어갑니다. 여기에 자동차 정비에 들어가는 돈까지 생각하면 자가용 유지를 위한 비용이 만만치가 않습니다. 그래서 저는 은퇴 후에 승용차를 처분할 생각을 갖고 있습니다. 택시 앱이나 공유 자동차 앱 같은 서비스도 무척 유용하고 더욱 편리한 기술도 계속 나올테니 큰 불편함은 없을 것 같습니다.

노후에는 의료비 지출도 고정비로 생각해야 합니다. 의료비를 생활비에서 떼어내어 줄이려는 생각보다 보험이나 저축으로 미리 준비해 놓는 것이 좋습니다. 암이나 성인병(뇌혈관, 심장질환)에 대비하는 보험은 나이가 들면 비싸지고 가입 자체도 어렵습니다. 그래서 이런 보험들은 마흔 살 이전에 들어 놓는 게 좋습니다. 보험 가성비가 떨어지는 나이라면 실비보험 정도만 가입하고 의료비 통장을 따로 만들어 적립해 둘 것을 추천합니다. 그리고 의료비는 아니지만 영양제 같은 것에 쓰는 돈도 고정비에 넣어야 하는 항목입니다. 영양제는 꾸준히 먹어야 효과를 볼 수 있기 때문에 고정비에 가까운 항목이라 볼 수 있습니다. 건강기능식품이나 건강보조식품의 유효성은 사람마다 생각 차이가 있겠지만 주위에서 보면 중년 이후부터 종합비타민제와 오메가3, 유산균 정도는 많이들 챙겨 먹습니다.

　노후에 접어들면서 반려견이나 반려묘를 키우는 경우도 많습니다. 그래서 반려동물 관리비 또한 은퇴 생활의 새로운 지출 항목으로 추가되어야 합니다. 사료나 간식 비용뿐만 아니라 미용비나 의료비까지 포함하면 반려동물을 기르는 데도 꽤 많은 돈이 필요합니다. 반려동물도 가족의 일원이라 생각하기에 식구가 하나 더 있는 것으로 간주하고 이들의 생활비도 따로 챙겨두어야 합니다.

　지금까지 언급한 필수 생활비를 빼놓고도 은퇴 후에는 여가 시간이 많아집니다. 그래서 문화생활에 드는 비용도 고려해야 합니다. 여행비나 공연관람비 같은 문화 생활비는 생활 수준에 따라 지출되는 액수도 천차만별입니다. 『우아하게 가난해지는 법』의 한 부분을 인용해 절약 팁을 알려드리겠습니다.

　우아하게 가난해지는 첫 번째 비결은 우선순위를 정하는 것이다! 1년에 2주일 알리칸테의 북적대는 호텔에서 휴가를 보내기 위해 많은 돈을 투자할 것인가, 아니면 고향에서 공원을 산책하고 가까운 호수로 소풍 다니며 휴가를 보낼 것인가. (중략) 인간은 실제로 돈이 없어도, 아니면 최소한의 아주 적은 돈으로도 얼마든지 부유한 삶을 누릴 수 있다. 이를 위해 필요한 것은 '생활 양식'이다. 이 말은 오랫동안 소비재 산업의 투쟁 구호였다. 앞으로 좀 더 나은 삶을 위한 비결은 독자적인 생활양식일 것이다.

- 알렉산더 폰 쇤부르크 저, 『우아하게 가난해지는 법』, 필로소픽, pp.60-61

우아하게 가난해지는 비결의 핵심은 생활 양식을 바꾸는 것입니다. 마당 넓은 집이 없어도 집에서 가까운 공원이 내 마당이라고 생각하고, 비싼 그림을 소유하고 있지 않아도 미술관으로 언제든지 가서 볼 수 있다고 생각하는 것입니다. 지금은 우아하게 가난해질 수 있는 환경이 완벽하게 갖춰진 시대입니다. 은퇴 후에도 부자로 살 수 있는 법은 금수저보다는 문화적 금수저를 추구하는 것입니다. 우아하게 가난해지는 습관, 은퇴를 준비하면서 꼭 만들어야 할 습관입니다.

5. 제2의 직업을 준비하는 습관

퇴직 후 수입이 없거나 줄어든 상태에서 30~40년을 어떻게 보낼지 고민하는 것이 재무적 은퇴 설계의 출발선입니다. 2019년 국민연금공단의 국민노후보장패널 조사 결과에 따르면 중고령자가 노후에 필요로 하는 적정 생활비는 개인 기준 월 165만 원, 부부 기준으로 268만 원입니다. 전국 평균은 268만 원이지만 서울에 사는 부부는 319만 원, 광역시는 265만 원, 도 지역은 252만 원 정도가 있어야 적정한 노후 생활이 가능하다고 합니다. 적정 노후생활비란 특별한 질병 없이 표준적인 노후 생활을 하는데 필요한 생활비를 말합니다. 통계를 기초로 문화생활이나 여행을 즐기면서 은퇴 생활을 30년 동안 한다고 가정하면 어림잡아 10억 원 정도가 필요하다는 계산이 나옵니다. 월 300만 원으로 현역시절보다 지출 규모를 훨씬 줄인 것임에도 10억이라고 하면 목돈으로도 준비할 엄두가 나지 않는 큰 액수입니다. 앞에서도 살펴본 바와 같이 젊어서부터 적립식으로 장기간에 걸쳐 연금을 준비해야 하는 이유가 바로 이 때문입니다.

지출을 줄이고 연금을 최대한으로 준비하는 것보다도 재무적으로 더 훌륭한 노후 준비 방법이 있습니다. 바로 '평생 현역'이 되는 것입니다. 평생 현역은 우리나라 은퇴 설계 분야의 시조격이라고 할 수 있는 강창희 대표님(트러스톤자산운용 연금포럼)이 항상 강조하는 키워드입니다. 은행 금리가 1% 정도인 지금, 10억을 은행에 예치해 놓아도 이자는 월 100만 원이 안 됩니다. 그러니 은퇴 후에 고정적으로 돈을 버는 일이 얼마나 큰 경제적 가치인지 알 수 있습니다. 사실, 지금은 많은 사람들이 비자발적으로 평생 현역의 삶을 살고 있습니다. 국민노후보장패널 조사에 나타난 중고령자의 연령대별 고용률은 다음과 같습니다. 2019년 통계를 보면 60대의 56.6%, 70대의 32.3%가 여전히 일하고 있습니다. 그런데 마음에 드는 일자리를 구하는 것은 젊었을 때 직업을 찾는 것보다도 훨씬 어렵습니다. 더군다나 하고 싶지 않은 일을 생계 때문에 어쩔 수 없이 해야 한다고 생각하면 우울함마저 생기기도 합니다. 하지만 퇴직 전 충분한 준비를 통해 하고

싶은 일을 제2의 직업으로 삼을 수만 있다면 인생 후반전은
훨씬 활력으로 가득 차게 됩니다.

연령별	2019년 고용률
50-59세	72.4%
60-69세	56.6%
70-79세	32.3%
80세 이상	14.3%
계	52.5%

2019년 중고령자의 연령대별 고용률 (출처: 통계청)

늦둥이를 낳아 50세에 막내를 초등학교에 입학시킨 지인
이 있었습니다. 어느 날 초등학생 딸이 엄마에게 이렇게 물
어봤다고 합니다. "엄마는 꿈이 뭐야?" 지인은 대답해줄 말
이 없어 당황했다고 합니다. 생각해보니 자신이 꿈을 꾸어본
게 언제였는지 기억이 나지 않았다고 합니다. 그런데 이런
이야기가 비단 제 지인만의 얘기는 아닙니다. 우리 주변을
보게 되면 50이라는 나이에 꿈이 있는 사람이 드물 정도입니
다. 지금 우리 세대는 어릴 때부터 하고 싶었던 일을 하면서
살지 못했습니다. 취업 시장에 나왔을 때를 생각해보면 당시
의 경제 상황이나 월급에 따라 직업을 선택한 경우가 대부분

이었습니다. 내가 원하는 직업이 아니라 부모님이 원하는 직업을 선택한 사람도 많았습니다. 일단 직업을 갖게 되면 더이상 '하고 싶은 일'을 찾아보려 하지 않았습니다. 왜냐면 취업 시장에 나왔을 때부터 하고 싶은 일을 할 수 있는 경험을 하지 못했기 때문입니다. 저는 이를 일종의 '학습된 무기력(Learned Helplessness)'으로 봅니다. 미국의 심리학자 마틴 셀리그만이 주창한 학습된 무기력은 피할 수 없거나 극복할 수 없는 환경에 반복적으로 노출되다 보면 실제 자신 능력으로 피할 수 있거나 극복할 수 있는 일임에도 불구하고 스스로 자포자기하는 것을 말합니다. 실패를 반복하다 보면 무기력이 몸에 배게 된다는 것입니다.

인생 후반전에 제2의 직업을 준비하는 일은 그런 무기력을 극복하는 것으로부터 시작해야 합니다. 학교를 졸업하고 사회생활을 시작한 지 꽤 오랜 시간이 지났기 때문에 내가 할 수 있는 일과 하고 싶은 일에 큰 변화가 생겼을 텐데, 일단 이 사실을 먼저 자각해야 합니다. 사람들이 현재 하는 일이 마음에 들지 않아도 쉽게 직업을 바꾸지 못하는 이유는 돈 때문이겠지만, 은퇴 후까지도 내키지 않는 일을 하며 살고 싶지는 않을 겁니다. 그래서 은퇴 이후의 일은 정말 어떤 일을 하고 싶은지 잘 고민한 후 착실히 준비해야 합니다. 이때 연금이 어느 정도 준비되어 있다면 선택의 폭은 넓어집니다.

직업을 찾을 때 급여라는 제약 조건에서 조금은 자유로울 수 있기 때문입니다.

　일에서 얻는 즐거움은 행복의 큰 부분을 차지합니다. 내가 정말 하고 싶은 일, 천직이라고 생각되는 일을 할 수 있다면 행복 앞으로 성큼 다가서게 됩니다. 마틴 셀리그만은 책 『긍정 심리학』에서 직업은 생업, 전문직, 천직으로 나눌 수 있다고 했습니다. '생업'은 사는 데 필요한 돈을 벌기 위한 직업입니다. 자신의 직업이 생업이라고 여기는 사람들은 돈을 벌지 못하면 당연히 그 일을 그만둡니다. '전문직'은 직업을 위해 개인적 투자를 많이 하는 직업입니다. 의사, 변호사같이 전문자격증이 있는 직업뿐만 아니라 요리사나 주식 투자자, 컴퓨터 기술자, 패션 디자이너같이 고유한 지식과 기술을 소유하고 있는 직업은 모두 전문직입니다. 전문직에 종사하는 사람은 돈으로 성공을 평가하기도 하지만 출세도 중요하게 여깁니다. 그래서 더는 올라갈 자리가 없을 때 상실감과 소외감을 느낍니다. '천직'은 일 자체에 모든 열정을 쏟을 수 있는 직업입니다. 자기 직업을 천직이라고 생각하는 사람은 다른 사람들에게 도움을 주고 행복을 줄 수 있다면 보수나 직위와 관계없이 그 일을 합니다. 그리고 생업, 전문직, 천직의 구별은 직업에 따른 것이 아닙니다. 의사라는 직업도 청소부라는 직업도 자신이 가진 직업관에 따라 생업이 될 수도 천직이 될 수도 있습니다. 지금 하고 있는 일이 무엇이 되었든 제2의 직업으로는 천직이라고 생각되는 일을 찾으면 좋겠습니다.

저는 제2의 직업으로 '은퇴설계전문가'를 준비하고 있습니다. 제가 취업할 때는 물론 얼마 전까지도 이런 직업이 있는지도 몰랐습니다. 그런데 우연히 만들게 된 내일배움카드 덕분에 생각지도 못했던 제2의 직업을 찾을 수 있었습니다.

고용보험을 재원으로 하는 내일배움카드는 직업훈련이 필요한 사람들에게 훈련비를 지원해주는 카드입니다. 정해진 신용카드나 체크카드를 발급하고 강의를 수강하면 고용노동부에서 소요 비용 중 일정액을 넣어주는 방식입니다. 발급일로부터 5년간 1인당 300~500만 원을 지원받을 수 있습니다. 예전에는 구직자와 재직자를 나누어 발급했지만, 2020년부터는 '국민내일배움카드'로 개편되면서 소상공인을 포함해서 계약직이거나 중소기업에 다니는 직장인이라면 누구나 조건없이 만들 수 있습니다. 대기업 직원도 월 임금이 300만 원 미만이거나 만 45세 이상인 경우라면 언제든 발급이 가능합니다.

저는 만 45세 이상 대기업 종사자에 해당하기 때문에 이 카드를 만들 수 있었습니다. 4년 전 카드를 만들고 들을 만한 강의가 뭐가 있을까 검색을 하다 우연히 ARPS(은퇴설계전문가)라는 과정을 찾아냈습니다. 이 자격증은 주로 금융 회사

직원들이 업무 능력 향상을 위해 수강하는 강의입니다. 그런데 재무적인 내용이 많아 꽤 제 흥미를 끌었습니다. 강의가 얼마나 재미있던지 하루에 몇 개씩을 들으면서 너무 빨리 다 들어버리면 어쩌나 하고 아껴서 들을 정도였습니다. 저는 삼십 대 후반에 CPA 공부를 시작해 3년 만에 자격증을 취득한 이력이 있습니다. CPA 자격증에 도전할 때 PD가 다 늦게 그것은 따서 뭐하냐며 회의적으로 보는 분이 많았습니다. 저도 어렵게 공부해 딴 자격증이었지만 어디 쓸 일이 있을까 하는 생각을 했습니다. 그런데 ARPS 공부를 하다 보니 CPA 때 했던 공부가 정말 많은 도움을 주었습니다. 아무튼 ARPS 공부를 하면서 내가 퇴직 후에 해야 할 일이 사람들의 은퇴 설계를 도와주는 일이라는 것을 확신하게 되었습니다. 지금도 지인들의 은퇴 설계를 봐주고 있는데, 재미도 있고 보람도 큰 것으로 보아 제가 천직으로 삼을 수 있는 일이라고 생각하고 있습니다. 물론 제 사례가 일반적인 것은 아니지만 회사를 다니며 이것저것 공부 해보는 기회를 만들어서 하고 싶은 일을 충분히 탐색해보는 것은 정말 중요한 일입니다.

요즘은 'FIRE족(Financial Independence, Retire Early)'이라고 해서 젊은 나이에 은퇴해서 자본소득으로만 살기를 꿈꾸는 사람들이 늘어나고 있습니다. 저는 우리가 꼭 돈을 벌기위해 일하는 것은 아니라고 생각합니다. 그래서 FIRE족도 좋지만 천직을 찾아 평생 현역으로 사는 것이 인생 후반전 삶을 더욱 빛나게 해주는 방법이라고 생각합니다. 그러니 노후 자금을 충분히 준비했건 그러지 못했건 평생 현역으로 일할 제2의 직업을 차근히 준비하는 습관은 꼭 필요합니다. 이것이 여러분의 인생 후반전을 훨씬 풍요롭고 행복하게 만들어줄 것입니다.

6. 새로운 소득원을 개발하는 습관

제가 KBS에 입사하고 가장 오래 일한 부서는 클래식 FM(수도권 93.1MHz) 채널입니다. 전공을 음악으로 갈아탈 정도로 클래식을 워낙 좋아했기 때문에 저는 그곳에서 즐겁게 일을 할 수 있었습니다. 하지만 입사 초기에는 방송을 제작하고 기획하기에 제 지식이 좀 부족하다는 생각을 했습니다. 그래서 좀 더 전문성을 키우기 위해 입사 3년 차에 모교 음악대학원 박사 과정에 진학했습니다. 박사과정 3년을 끝낼 즈음 학교에서는 시간 강사 자리를 마련해 주었습니다. 그래서 저는 2000년에 두 학기동안 회사를 다니면서 대학 출강을 나갔습니다. 제가 담당했던 과목은 '음악의 기초이론'으로 모든 학과 학생들이 수강할 수 있는 교양 과정이었습니다.

모교에서 생전 처음 해보는 강의는 아주 즐거운 경험이었습니다. 후배들에 대한 애정도 충만했던 데다가, 강의 준비를 하면서 스스로 성장하는 기분을 느낄 수 있어 무척이나 좋았습니다. 그런데 당시 시간 강사 처우가 너무 열악했습니다. 보수가 최저 임금도 안 되는 수준이었습니다. 그 돈을 받고서라도 강의하려는 사람은 줄을 서는 상황이었지만, 저는 세 번째 학기가 되자 스스로 열정이 시드는 것이 느껴져 학교 강의를 그만두었습니다. 보통 '열정 페이'는 사측이 고용인에게 경력을 만들어 주는 값이 포함된다고 볼 수 있는데, 당시 저는 경력을 만드는 것에 큰 가치를 두지 않았습니다. 그런데 지금 다시 생각하면, PD와 대학 강사 이렇게 두 가지 일을 계속했더라면 제 인생은 또 어떻게 달라졌을까 하는 상상을 가끔 해봅니다.

대학 강의를 하던 무렵 인터넷이 막 대중화되던 시기였습니다. KBS에서도 홈페이지가 만들어지고 '뮤직 스튜디오'라는 별도의 사이트가 따로 개설되어 운영되었습니다. 메뉴를 채울 콘텐츠가 별로 없던 때라 저에게 클래식 칼럼을 연재해 달라는 제의가 들어왔습니다. 지금으로 치자면 포스트나 블로그 글을 쓰는 것인데, 당시에는 지금처럼 자유롭게 콘텐츠를 올리고 내릴 수 있는 환경이 아니었어서, 일주일에 한 번 정도 칼럼을 써서 사이트 관리자에게 주면 관리자가 적당한 이미지를 찾아 글과 함께 올려주는 시스템이었습니다. 글을 올리면 일주일에 대략 5천뷰 정도가 나왔던 것으로 기억합니다. 인터넷 보급률이 높지 않았던 그 당시 상황을 생각하면 꽤 많은 수의 팬을 확보한 칼럼니스트였던 셈이었습니다. 이제 와서 생각해보면 그때가 저의 전문성을 대중들에게 알릴 수 있는 좋은 기회였습니다. 그런데 매주 칼럼을 쓰는 일이 귀찮기도 하고 댓글로 딴지 거는 사람들이 많기도 해서 오래지 않아 연재를 그만두었습니다.

　그런데 저와 달리 다른 직업을 가지고 있으면서도 꾸준히 음악 칼럼을 쓰시는 분이 있습니다. 저와 연배가 비슷한 의사이자 음악평론가인 유정우 박사입니다. 제가 클래식 FM에서 만난 분 가운데 가장 좋아하는 연사인 그는 PC 통신 시절 클래식 동호회에서 활동했던 것이 계기가 되어 지금까지 두 가지 일을 겸업하고 있습니다. 그는 방송에서 의사와 음악평론가, 두 가지 직업을 함께 가져 행복하다고 말하고 있습니다. 그뿐만 아니라 수입도 부업(음악평론가)이 주업(의사)을 넘어설 때가 있을 정도라고 말씀하셨습니다. 이 얘기를 들으며 좋아하는 일을 하면서 소득의 포트폴리오까지 잘 짜놓은 게 참 부럽다는 생각을 했습니다. 저는 클래식 전문 PD로서 대학 강사와 음악칼럼니스트 등 N잡러가 될 기회가 있었지만 게을렀던(?) 탓에 굴러 온 복을 저절로 차버린 셈이었습니다.

매년 5월 우리는 전년도 소득에 대한 종합소득세 신고를 해야 합니다. 여기에 들어가는 소득의 종류는 이자소득, 배당소득, 사업소득, 근로소득, 연금소득, 기타소득 등 총 여섯 가지입니다. 이중 연금소득은 젊은 나이에는 받을 수 없지만 나머지는 나이와 상관없이 벌 수 있는 소득입니다. 그래서 수입원 포트폴리오 차원에서 볼 때 각 종류의 소득을 조금씩이라도 얻을 수 있도록 하는 것이 가장 이상적입니다. 그러면 나이가 들어 직장에서 퇴직했을 때 일시에 소득이 제로가 되는 것을 막을 수 있기 때문입니다. 한마디로 소득의 파이프라인을 퇴직 전에 다변화 해놓는 것이 중요합니다.

이자소득과 배당소득을 합쳐서 금융소득이라고 하는데, 다들 조금씩은 가지고 있습니다. 이자소득은 은행 이자를 생각하면 됩니다. 배당소득은 주식에서 나오는 배당뿐 아니라 펀드의 수익금 같은 것도 포함됩니다. 이자와 배당을 합해 연 2천만 원이 안되면 금융기관에서 15.4%로 분리과세를 하고 끝냅니다. 그런데 2천만 원이 넘으면 종합소득 신고를 할 때 다른 소득에 합산해 세금을 다시 정산해야 합니다. 이를 '금융소득 종합과세'라고 합니다. 금융소득 종합과세자는 2019년 기준 15만 9천 명이라고 하니 전 국민의 0.3%도

안 되는 비율입니다. 이 정도 비율이라면 아주 큰 부자들만 해당된다고 생각하겠지만, 중산층 가운데서도 금융소득 종합과세에 걸리는 일이 종종 발생합니다. 금융소득을 주 수입원으로 하는 은퇴자도 있고, 이자나 배당의 수입 시기를 잘 조절하지 못해 발생하는 경우도 있습니다. 다른 소득이 크지 않다면 종합과세로 더 내야하는 세금이 없겠지만, 그렇지 않다면 금융소득에 대한 세금을 15.4%보다 더 많이 내야 하는 일도 생깁니다. 금융 투자를 크게 하지 않더라도 이 정도는 알아두는 것이 좋습니다.

사업소득은 부동산임대사업을 포함한 모든 자영업자에게 발생합니다. 요즘은 부업으로 네이버 스마트 스토어 같은 인터넷 상점을 여는 사람도 많습니다. 인터넷 상점을 운영하려면 사업자등록증이 있어야 합니다. 사업자등록증이 있는 사람은 말 그대로 사업소득자가 됩니다. 그런데 사업자등록증을 내지 않고도 사업소득을 발생시키는 사람들이 있습니다. 바로 작가나 디자이너와 같이 회사에 취업하지 않고 자유롭게 인적 용역을 제공하는 사람, 프리랜서입니다.

근로소득은 말그대로 근로를 제공하고 받는 소득입니다. 대부분 회사원들이 받는 월급이 여기에 속하게 됩니다. 보통 회사원들은 한 회사에 올인하는 경우가 대부분이고 부업을 하더라도 소소하게 합니다. 하지만 재직 중인 회사에 겸직

금지 같은 규정이 없다면 근로소득 자체를 두 군데 이상에서 발생시켜 소득의 파이프라인을 다양하게 해보는 것도 검토해볼 수 있습니다.

연금소득은 공적연금에서 발생하는 소득과 사적연금에서 발생하는 소득이 있습니다. 보통 비과세 연금보험에서 연금을 탈 수 있는 나이는 만 45세 이상이어야 합니다. 연금저축이나 개인형 IRP 같은 연금계좌의 경우 만 55세 이상부터 수령할 수 있습니다. 국민연금은 만 65세 이상(1969년 이후 출생자)부터 타는 것이 원칙이지만, 1965~1968년생은 만 64세, 1961~1964년생은 만 63세, 1957~1960년생은 만 62세로 수령이 가능한 나이에 약간의 차이가 있습니다. 또 본인의 국민연금 개시연도를 5년 앞당겨 받을 수 있는 '조기노령연금'이라는 제도도 있습니다.

기타소득은 전업으로 하지 않는 일에서 일시적으로 번 소득으로 이해하면 됩니다. 전업 작가가 아닌 사람이 칼럼을 써서 받는 원고료, 전업 강사가 아닌 사람이 강의해서 받는 강연료 등이 여기에 속합니다. 공모전 상금 또는 경품이나 복권에 당첨되어 받는 상금도 기타 소득의 범주에 해당합니다.

이상으로 종합소득에 포함되는 6가지 서로 다른 소득에 대해 살펴보았는데, 여기에 포함되지 않았지만 요즘 점차 중요하게 인식되는 파이프라인이 있습니다. 국내 혹은 해외 주식에 투자하는 경우가 그것입니다. 아직 국내 주식의 양도차익은 비과세이고 해외 주식의 양도차익은 양도소득세의 범주에 들어갑니다. 다음 장에서 자세히 설명하겠지만 양도소득은 앞서 살펴본 6가지 소득과는 성격이 달라 소득이 아무리 커지더라도 종합소득에 합산과세가 되지 않고 분류과세가 되는 소득입니다.

제가 만약 대학 강사를 계속했다면 KBS와 대학교, 두 군데 직장에서 근로소득이 발생했을 것입니다. 그리고 종종 외부 강의나 칼럼을 써서 기타소득도 얻을 수 있었을 것입니다. 하지만 저는 이런저런 이유로 새로운 소득원 개발에 소극적이었습니다. 그렇게 소소하게 돈을 벌 바에야 부동산 투자를 해서 한방에 버는 편이 낫다고 생각했습니다. 사실 저는 재테크에 일찍 눈을 떠서 부동산 투자도 일찍 경험했습니다. 20대부터 아파트 분양권 투자도 해보고, 경매도 해보면서 레버리지 투자(대출 등을 이용해 적은 자본으로 수익률을 높이는 방법)를 이해하게 되었습니다.

부동산 투자로 돈을 몇 번 벌어본 후 임대 사업을 한 적이 있습니다. 그런데 이때 세입자를 잘못 만나 고생을 심하게 했습니다. 월세도 몇 번 못 받은 상태에서 계약 기간이 끝났는데 보증금을 소진한 상태인 세입자가 이사를 가지 않겠다고 버티는 바람에 밀린 관리비까지 대신 내주고, 새로 이사 갈 집의 보증금까지 보태 주며 내보낸 일이 있었습니다. 당시 제가 어리고 경험이 없어서 시행착오를 겪은 것인데, 그때는 시행착오라는 생각을 못하고 '부동산 임대사업은 할 게 못 되는 것'이라고 성급한 결론을 내렸습니다. 그 이후 이때 크게 덴 상처 때문에 근로소득 이외의 추가적인 소득원 개발을 적극적으로 하지 않았습니다.

지금 와서 생각해보면 소득원을 분산해 놓지 않은 것이 상당히 아쉽습니다. 꼭 돈 때문이 아니더라도 회사일 외에 다른 일을 병행했더라면 새로운 기회가 많았을 텐데 말입니다. 사실 제가 이렇게 책을 내게 된 것도《강PD의 똘똘한 은퇴설계》팟캐스트를 2년 이상 꾸준히 해온 덕분입니다. 이 방송은 회사 제작비로 만드는 KBS 오리지널 디지털 콘텐츠입니다. 하지만 업무적으로 볼 때 저에게 강제로 할당된 일은 아니었습니다. 팟캐스트는 완전히 1인 제작 시스템이기 때문에 일주일에 30분짜리 2편을 올리려면 많은 시간을 들여야 합니다. 출연자를 섭외하고, 원고를 쓰고, 녹음하고, 편집하기 위해 휴일에도 일을 해야 할 때가 있습니다. 시간에 쫓기고 몸이 힘들 때면 몇 번이고 그만두고 싶다는 생각을 하기도 했습니다. 하지만 한 가지를 오랫동안 열심히 하다 보니 제 진가를 알아봐 주는 사람들이 생기기 시작했습니다. 이 책을 펴낼 기회를 준 좋은습관연구소의 대표님도 그 중 한 분입니다.

제가 팟캐스트를 시작한 2019년은 팟캐스트라는 매체가 지고 유튜브가 뜨던 시기였습니다. 그래서 너무 뒤늦게 시작한 것은 아닌가 하는 생각을 했습니다. 하지만 구독자가 많고 적음을 떠나 좋은 콘텐츠를 축적한다는 것에 대한 보람이 컸고 저 스스로도 은퇴설계전문가로 성장하는 기회를 준 프로그램이라고 생각합니다. 이제부터라도 이를 발판 삼아 작가로서 강연자로서 새로운 소득원 개발에 적극 도전해볼 생각입니다.

젊은 시절, 저는 새로운 소득원을 찾는 데 있어 뭐는 이래서 안되고 뭐는 저래서 안 되고 제 나태함을 덮을 핑곗거리만 찾았습니다. 하지만 이 책을 보는 독자분들은 저처럼 후회하지 말고 적극적으로 새로운 소득원 개발에 나섰으면 합니다. 굳이 아침에 신문 배달을 하고 저녁에 대리 운전을 하고 그렇게 하지 않더라도 부업거리는 예전보다 훨씬 다양해졌습니다. 인터넷 쇼핑몰같이 초기 비용이 들지 않는 사업도 있고, 크몽 같은 플랫폼에 인적 용역을 판매하는 것도 가능합니다. 그리고 블로그나 팟캐스트, 유튜브로 돈을 버는 방법도 있습니다. 처음부터 많은 돈을 벌 수는 없지만 콘텐츠가 축적되면 어디서 어떻게 새로운 기회가 열릴지 알 수가 없습니다.

지금 뭔가를 하고 싶지만 시작하기에는 너무 늦었다고 생각한다면? 그렇게 생각하는 것이 혹시 핑계에 불과한 게 아닌지 곰곰이 생각해보면 좋겠습니다.

7. 세금에 대해 공부하는 습관

우리나라는 빠르게 늙어가고 있습니다. 전체 인구를 나이 순으로 나열할 때 가운데 있는 사람들을 가리키는 국민 중위연령은 1990년 27세에서 1997년 30세를 넘어섰습니다. 2014년에는 40.3세, 2021년 현재는 44.3세입니다. 아마 10년 뒤인 2031년에는 50세, 2056년에 60세를 넘어설 것으로 예상하고 있습니다. 우리나라가 젊었던 2000년대 초까지만 해도 은퇴자들은 세금에서 자유로웠습니다. 전직 공무원이나 교사, 군인들 같이 공적연금을 받는 사람들은 연금 액수가 얼마가 됐든 전액 비과세였습니다. 집을 두세 채 소유한 은퇴자들은 한 채는 자가로 살면서 나머지 집에서 월세를 받는다고 해도 국가에서 임대소득을 파악하지 않았기 때문에 세금 낼 일이 없었습니다. 건강보험도 웬만하면 직장 가입자인 자녀에게 얹혀 피부양자로 있을 수 있었습니다. 연금이 준비되지 않은 은퇴자들은 퇴직금을 은행에 넣고 이자를 받거나 목돈으로 작은 아파트를 사서 월세를 받았기 때문에 따로 은퇴 설계가 필요 없었습니다. 금융소득 종합과세 한도가 높았기 때문에 은행 이자를 어느 정도 받는다고 해도 은행에서 원천징수 하는 것을 끝으로 납세의무가 종결되었습니다. 그래서 은퇴자들이 세금에 대해 자세히 알아야 할 필요가 없었습니다. 하지만 지금은 우리나라가 초고령 사회를 향해 질주하고 있습니다. 은퇴자들을 대상으로도 돈을 걷지 않으면 국가재정이 위태로워질지 모릅니다. 그래서 국가가 세금을 더 거두기 전에 절세에 대한 준비를 은퇴 후가 아니라 지금부터 차근히 해야 합니다. 아는 만큼 절약할 수 있는 것이 세금이기 때문에 세금에 대한 공부는 선택이 아닌 필수인 세상입니다.

은퇴자들에게 가장 밀접한 소득은 연금소득입니다. 요즘 퇴직 세대로 분류되는 1960년대생들은 공적연금을 받더라도 연금소득세를 내야 합니다. 앞서 말한 대로 예전에는 공적연금이 모두 비과세였습니다. 그런데 2002년 1월 1일 공적연금 불입분부터 불입시(돈을 낼 때) 세제혜택(연금보험료 소득공제)을 준 후, 받을 때 연금소득세를 내는 것으로 바뀌었습니다. 그래서 최근에 공적연금을 받기 시작한 사람이라면 일정 부분 세금을 내고 나머지 돈을 연금으로 받고 있습니다. 공적연금의 경우 매월 지급 시 간이세액표에 따라 원천징수를 하고 다음 연도 1월분 공적연금 지급시 연말정산을 합니다. 공적연금소득 외의 소득이 없는 경우에는 이것으로 세금 신고가 끝나겠지만, 다른 소득이 있다면 종합소득세 신고를 따로 해야 합니다. 사적연금은 금융사가 원천징수를 하는데 비과세 연금보험에는 세금이 없고, 불입 시 세액공제를 받은 사적연금(연금저축, 개인형 IRP)은 저율(5.5%~3.3%)로 과세를 합니다. 연금저축계좌나 개인형 IRP 계좌를 통해 받는 연금 수령액이 합산해서 연 1,200만 원을 넘지 않으면 저율로 과세하지만, 그 이상이 되면 16.5%로 분리과세하거나 종합소득에 합산해 과세합니다.

앞으로는 은퇴 생활자라 하더라도 종합소득 신고를 해야 할 사람이 점점 많아질 것입니다. 연금생활자 중에 종합소득 확정신고를 하지 않아도 되는 경우가 ①공적연금 외 소득이 없는 경우 ②세제적격 사적연금이 있어도 연간 수령액이 1,200만 원을 넘지 않는 경우, 이렇게 두 가지뿐입니다. 부동산임대소득(사업소득)이 있는 사람은 말할 것도 없지만, 비과세가 아닌 사적연금을 많이 준비해 놓은 사람도 종합소득세 신고를 해야 할 지도 모릅니다. 국민연금은 65세 이후부터 나오기 때문에 좀 더 이른 나이에 퇴직했다면 국민연금이 나올 때까지 사적연금을 주요 소득원으로 생활해야 하기 때문에 한 달에 100만 원 이상을 받아야 합니다. 그래서 사적연금을 많이 받고 싶다면 비과세 연금보험을 준비하는 것이 좋습니다. 비과세 연금보험은 종합소득 신고를 할 때 소득에 포함되지 않고 건강보험료 산정에서도 제외됩니다.

아직은 모든 사적연금이 건강보험료 산정에 제외되고 있지만 종합소득에 포함될 수 있는 소득은 장기적으로 건강보험료 산정에서 자유로울 수 없다는 것이 제 추론입니다. 일례로 정부는 2020년 11월부터 1,000만 원 이상 2,000만 원 미만의 금융소득을 건강보험료 산정에 포함하기 시작했습니다. 금융소득 종합과세는 연 2,000만 원이 넘어야 하지만 그와 별개로 건강보험료 산정 대상은 1,000만 원 이상으로 정해져 있습니다. 고령 인구가 계속 증가하는 상황을 보았을 때 장기적으로 비과세가 아닌 모든 소득이 건강보험료 산정에 포함될 것 같습니다.

앞 장에서 종합소득세 얘기를 하면서 이자소득, 배당소득, 사업소득, 근로소득, 연금소득, 기타소득을 언급했는데 세법상 세금이 부과되는 소득은 이 여섯 가지 외에도 두 가지가 더 있습니다. 바로 퇴직소득과 양도소득입니다. 퇴직소득과 양도소득을 다른 소득과 구별하는 이유는 소득 형성 과정이 다른 소득과 구별되는 특징을 갖고 있기 때문입니다. 퇴직소득은 퇴직한 그 해 1년간 발생한 소득이 아닌, 재직기간에 조금씩 누적되어 불어난 소득이고, 양도소득도 보통 몇 년에서 몇십 년에 걸쳐 발생한 소득입니다. 그래서 단기간에 발생하는 다른 소득과는 따로 떼어내 세금을 부과합니다. 이를 '분류과세'라고 합니다.

퇴직소득세 계산 방식을 알기 쉽게 간단히 요약하면, 퇴직소득금액을 근속연수로 나누어 과세표준을 줄여준 다음, 세율을 적용하고, 다시 근속연수를 곱하는 '연분연승법(年分年乘法)'을 따릅니다. 양도소득세는 부동산, 주식 등 종류가 다른 자산의 양도는 각각 별도 카테고리에 넣어 계산하게 됩니다. 그런데 부동산의 경우 특이하게 양도차익에서 '장기보유특별공제'를 빼 과세표준을 줄인 다음 세율 적용을 합니다. 우리나라 소득세는 누진세율을 적용하기 때문에 근속을 오래 했거나 부동산의 보유 기간이 길면 세금이 급격히 늘어날 수 있습니다. 그리고 이에 더해 퇴직소득이나 양도소득이 발생한 해에 다른 소득과 합산하게 되면 과세표준이 다시 커져 버리기 때문에 종합소득세에 합산하지 않고 별도의 세금으로 계산합니다. 2023년 현재 우리나라 소득세의 세율구간은 다음과 같이 나누어져 있습니다.

퇴직소득세를 절세하려면 세금에 대한 이해가 필수입니

과세표준	세율	누진공제
1,000만원 이하	6%	-
1,000만원~5,000만원	15%	126만원
5,000만원~8,800만원	24%	576만원
8,800만원~1.5억	35%	1,440만원
1.5억~3억	38%	1,940만원
3억~5억	40%	2,940만원
5억~10억	42%	3,940만원
10억 초과	45%	6,940만원

소득세 세율

다. 지금 우리나라에는 퇴직금 제도와 퇴직연금 제도가 공존하고 있습니다. 퇴직금과 퇴직연금의 제도상 차이는 기업이 퇴직급여를 사내에 유보하느냐 그렇지 않고 외부 금융기관에 적립하느냐의 차이일 뿐 퇴직소득세를 부과하는 체계는 동일합니다. 근로자가 퇴직급여를 일시에 수령하고자 한다면 퇴직소득세를 원천징수하고 남은 금액만 받게 됩니다. 하지만 이것을 연금으로 수령하고자 한다면 일단 IRP 계좌로 보내야 합니다. 보낼 때는 퇴직소득세를 원천징수하지 않고 퇴직급여 전액이 계좌로 이체됩니다. 세금은 IRP에 이체된 후 퇴직급여를 인출할 때 납부합니다. 만 55세 이후에 연금으로 수령하면 원래 내야할 퇴직소득세의 30~40%를 경감 받을 수 있습니다. 연금을 10년에 걸쳐 받으면 30%, 10년을 초과해 받는 부분이 있다면 40%가 절세됩니다. 예를 들어, 올해 60세인 K씨의 퇴직금이 2억 원이라고 가정해 보겠습니다. 만약 K씨가 이를 일시불로 받는다고 하고 근속 기간에 따라 계산한 유효 세율이 10%라고 하면 K씨가 내야 할 퇴직소득세의 총액은 2천만 원입니다. 그런데 K씨가 이 돈을 IRP 계좌에 이체하고 매년 2,000만 원씩 10년에 걸쳐 연금으로 수령하기로 했다면 10% 였던 세율은 7%(30%경감)로 줄어들게 됩니다. 원래는 2,000만 원에 대해 매년 200만 원의 세금을 내야 하지만, 연금으로 받으면 30%가 절세 된 140만 원만 내면 되는 것입니다. 이렇게 연금을 수령하면 10년 동안 내야할 세금은 총 1,400만 원이 됩니다. 퇴직금을 일시에 받았을 때 내야하는 세금 2,000만 원과 비교하면 600만 원의 절세 효과를 얻었다고 할 수 있습니다. 만약 K씨가 20년에 걸쳐 퇴직연금을 수령한다면 퇴직연금은 매년 1,000만 원씩 20년간 받게 됩니다. 이때는 10년 차까지는 7%의 세율이 적용되고 11년 차부터는 6%(40% 경감)의 세율이 적용되어 절세 효과를 좀 더 거둘 수 있습니다. 한마디로 연금은 오랜 기간에 걸쳐 받아야 가장 많이 받을 수 있습니다.

양도소득세에 대한 이해도 은퇴자에게는 필수입니다. 집

을 팔 때 내야 하는 양도소득세는 세무 전문가의 도움을 받는 것이 일반적입니다. 하지만 남에게 맡긴다고 해도 알고 맡기는 것과 모르고 맡기는 것에는 엄청난 차이가 있습니다. 제 팟캐스트에 출연하셨던 세무법인 다솔의 안수남 대표 세무사가 들려준 실제 사례입니다. A씨는 오래 거주하던 강남의 단독 주택을 매각하고 아파트를 구입하면서 아파트 잔금을 먼저 치르고 단독 주택 잔금을 나중에 받았다고 합니다. 집이 한 채뿐이기 때문에 '1세대 1주택 비과세특례'와 '장기 보유 특별공제'를 적용하게 되면 세금이 많이 나오지 않는 것이 정상입니다. 그런데 A씨의 아내가 화실로 쓰려고 사둔 오피스텔이 문제였습니다. 아내는 화실을 당장 쓰지 않아 세를 주었는데 세입자가 그사이 주민등록을 오피스텔로 이전해 놓은 것이었습니다. A씨는 그런 사실을 전혀 모르고 있다가 나중에 알게 되었는데, 이 오피스텔이 주택 수에 포함되는 바람에 1세대 3주택의 중과세율을 적용 받게 되었습니다. 1세대 1주택일 경우에만 일시적 2주택이 허용되는데, 오피스텔이 있어서 3주택이 돼버린 케이스였습니다. 오피스텔은 실제 사용 용도에 따라 판단하기 때문에 거주하면 주택으로 보고 사무실로 사용하면 상가로 보는 이중적인 성격을 가진 부동산입니다. 그런데 A씨 부부는 이걸 몰랐던 것입니다. 결과적으로 1세대 1주택인 줄 알고 신고한 양도소득세에 더해 추가로 추징된 세금은 수 억 원대였습니다. 만약 주택을 팔기 전에 이 오피스텔을 먼저 팔았다면 내지 않아도 될 세금이었는데, 추징당한 세금만 해도 오피스텔을 몇 채나 살 수 있는 액수였으니 자다가도 벌떡 일어날 정도로 억울한 일이 되었습니다. 이 일 때문에 부부간에는 불화까지도 생겼다고 합니다.

부동산 매매를 계획하고 있다면 반드시 처분이나 취득 전에 전문가를 찾아 자문을 받는 것이 좋습니다. 처분이나 취득을 하고 나서 전문가를 찾으면 A씨처럼 이미 돌이킬 수 없는 상황에 처하게 됩니다. 그리고 전문가를 찾더라도 부동산 관련 세금을 공부해야 하는 이유는 세무 전문가와 상담을 잘하기 위해서이기도 합니다. 상담에 어떤 자료가 필요한 것인지 아는 것도 세금에 대한 기초적인 이해가 있어야 가능합니다. 특히 은퇴 세대는 자산이 부동산에 편중되어 있기 때문에 부동산 매매시 자칫 잘못해서 세금폭탄을 맞게 되면 평생 쌓은 공든 탑이 무너질 수 있습니다. 그렇게 되지 않기 위해서는 세금에 관심을 갖고 기초적인 사항은 공부해두고, 전문가에게 지불하는 비용도 아끼지 말아야 합니다.

8. 상속 디자인을 하는 습관

인생 후반전 준비를 이야기하면서 빠뜨릴 수 없는 것 중 하나가 상속과 증여입니다. 상속 설계는 죽음과 가까워질 때 시작하는 것으로 생각하는 분들이 많습니다. 하지만 상속과 증여는 항상 붙어 다니기 때문에 훨씬 전부터 신경을 써야 합니다. 세법에서조차도 '상속세 및 증여세법(일명 상증세법)'이라고 해서 자산 승계에 관한 내용이 하나의 법으로 묶여 있고, 세율도 동일하게 적용되고 있습니다.

상속과 증여의 차이는 상속은 사후에, 증여는 그 전에 재산이 이전되는 것을 말합니다. 부모가 돌아가셔서 재산을 상속받게 되면 무조건 상속세를 내야 하는 것으로 알고 있는 사람도 있습니다. 그런데 상속인이 상속세를 내야 할 정도로 많은 재산을 가진 피상속인(부모님)을 둔 사람은 생각보다 그렇게 많지 않습니다. 이런저런 공제(차감되는 항목)가 많아서 실제 상속 재산(총상속재산가액)과 상속세 과세표준 간에는 큰 차이가 있습니다. 상속세 과세표준에 세율을 곱하면 내야할 상속세가 계산되는데, 세율은 다음과 같습니다.

과세표준	세율	누진공제
1억원 이하	10%	-
1억원 초과 5억원 이하	20%	1천만원
5억원 초과 10억원 이하	30%	6천만원
10억원 초과 30억원 이하	40%	1억 6천만원
30억원 초과	50%	4억 6천만원

상증세 세율

총상속재산가액에서 과세표준으로 갈 때 차감되는 기본적인 상속 공제를 단순화하면 배우자 공제 5억에 [기본 공제 2억 원 + 5천만 원 × 자녀 수]인데, 이는 다음의 세 가지로 이해하면 됩니다.

① 자녀가 없는 상태에서 남편(부인)이 사망했을 때 부인(남편)이 받을 수 있는 최소공제액은 7억 원(배우자 공제 5억 원 + 기

초 공제 2억 원)

② 배우자가 없는 부모님이 돌아가셔서 자녀들이 상속받을 때 상속 공제는 일괄 공제 5억 원과 [기본 공제 2억 원 + 5천 만 원×자녀 수]를 비교해 큰 쪽을 적용. 요즘 자녀수가 7인 이상 되는 경우가 드물기 때문에 이 때는 그냥 5억 원이라고 생각하면 됨

③ 배우자가 있는 부모님이 돌아가셔서 두 분 중 한 분이 생존해 계시면서 자녀들과 함께 상속을 받는다면 상속 공제는 최소 10억 원(배우자 공제 5억 + 일괄 공제 5억)

배우자가 있는 경우 '최소'라는 말을 사용하는 것은 배우자는 30억을 한도로 원래 법정상속지분 내에서 실제 상속받는 금액 전체를 공제받을 수 있기 때문입니다. 예를 들어 아버지 재산 35억을 어머니, 딸, 아들 이렇게 셋이 상속받는다면 법정상속지분은 1.5 : 1 : 1 이므로 어머니의 지분은 15억이 됩니다. 그러면 상속 공제는 배우자 공제 15억에 일괄 공제 5억을 더한 20억이 되고, 상속세 과세표준도 15억으로 내려갑니다. 배우자 간 상속은 자산의 수평적 이전으로 보고 상속세 과세를 유보하고 있습니다. 하지만 고액자산가에게 너무 많은 혜택을 주면 안 되기 때문에 30억 이내라는 한도를 두고 있습니다.

상속재산가액은 시가를 적용합니다. 아파트는 최근 매매된 비슷한 물건을 기준으로 시가를 확인합니다. 그러나 시가 확인이 어려운 자산도 많은데, 이 경우는 시가표준액을 적용합니다. 토지는 개별공시지가를 시가표준액으로 봅니다. 그러니까 거래가 드문 지역의 토지라면 시가보다 한참 낮은 가액이 상속재산가액이 됩니다. 그래서 부동산의 경우 시가든 시가표준액이든 정확한 재산가액이라 할 수 없습니다. 그런데 이와 반대로, 금융재산은 완전히 정확한 금액입니다. 그래서 금융재산은 따로 공제(금융재산상속공제)를 더 해줍니다. 순금융재산가액이 2천만 원 이하이면 전부를, 그 이상이면 2억 원 한도 내에서 20%를 전체 금융재산에서 차감해 줍니다. 예를 들어 은행 예금 5억 원을 상속한다면 20%인 1억 원을 뺀 4억 원이 상속재산가액이 됩니다. 20억 원이라면 20%인 4억 원을 빼주는 것이 아니라 한도 2억 원에 걸리니 2억 원만 공제하게 됩니다. 금융재산이나 주식, 부동산의 경우 재산 종류별로 상속개시일 전 1년내에 인출한 금액이 2억 원 미만, 2년 내에 인출한 금액이 5억 원 미만이면 과세당국에 추적당하지 않지만, 넘어가면 추적 대상이 되니 이런 점을 염두에 두고 상속 설계를 해야 합니다.

상속이 일어나기 전에 증여를 미리 해두면 상속세가 절감되는데, 그것을 떠나 자녀가 성인이 됐을 때 씨드머니(종

잣돈)를 만들어 주는 것으로 증여를 미리 해두는 것도 추천하는 방법입니다. 증여세 비과세 한도는 한 자녀당 10년간 5,000만 원(미성년자는 2,000만 원)이므로 상황에 따라 자녀에게 미리 조금씩 증여를 해놓을 수 있습니다. 10년 간격으로 태어나자마자 2,000만 원, 11살에 2,000만 원, 21살에 5,000만 원을 증여한다면 자녀가 대학생이 될 때까지 총 9,000만 원까지 별도의 증여세 없이 증여가 가능합니다. 하지만 대부분 보통 사람들은 그 정도의 여유를 갖고 있지는 않습니다. 그래서 이때 추천하고 싶은 방법이 '소액 적립식 투자를 통한 증여'입니다. 이 방법은 미성년 자녀에게 적립식 계좌를 만들어주고 매월 18만 원씩 10년을 보내 대략 2,000만 원을 증여하는 방법입니다. 이런 식으로 증여하게 되면 이 돈을 우량 주식이나 실적이 좋은 주식형 펀드에 투자할 수 있어 10년이라는 시간 동안 원금을 불릴 수 있습니다. 이것은 자녀가 성인이 되었을 때 경제적으로 독립하기 위한 씨드머니를 마련해 주기 좋은 방법입니다. 그런데 이때 주의할 점은 반드시 자녀 명의로 된 통장에 적립해야 투자수익금이 자녀의 것이 된다는 점입니다.

증여가 일어나면 그때마다 증여세 신고를 해야 하는 것이 원칙이지만 매달 일정액을 증여하는 경우에는 특별한 방법으로 증여세 신고를 할 수 있습니다. 바로 '유기정기금 평가'

입니다. 18만 원씩 10년(120개월)을 보내면 총 2,160만 원을 증여하게 됩니다. 하지만 증여 시작 시점에 신고를 하게 되면 3%의 이자율로 증여한 금액을 할인해 줍니다. 그렇게 되면 유기정기금 평가액은 18,977,995원이 되고, 결국 2,160만 원을 보내더라도 2,000만 원 이하로 평가되어 증여세 한푼 안 내고 자녀에게 목돈을 만들어 줄 수 있습니다. 저는 비슷한 방법으로 미성년 자녀에게 비과세 변액연금을 들어주는 방법도 추천하고 싶습니다. 연금보험을 가입해 연금으로 받으려면 45세까지 기다려야 하지만, 가입 후 10년이 지나면 중도해지를 해도 수익금에 대해 비과세가 되기 때문에 효율적으로 자녀를 위한 씨드머니를 만들어줄 수 있습니다.

이처럼 자녀에게 씨드머니를 만들어주는 일이 중요한 이유는 자녀의 경제적 독립이 빠르면 빠를수록 부모의 은퇴 설계가 용이해지기 때문입니다. 대학 졸업도 취업도 다른 나라에 비해 한참 늦은 나이에 하는 우리 특성상 자녀의 독립이 늦어지면 질수록 부모의 부담은 점점 더 커질 수밖에 없습니다. 당장 노후 준비할 돈도 없는데, 증여할 여유가 어디 있느냐고 말하는 사람들도 있습니다. 하지만 자녀를 경제적으로 독립시키는 것이야말로 가장 선행돼야 할 노후 준비입니다. 요즘은 평균수명이 길어지다 보니 노인이 노인에게 상속하는 노노(老老)상속도 많아졌는데, 쓰고 남은 재산을 상속해봐야 이미 고령이 된 자녀에게 아무런 도움이 되지 않습니다. 자녀에게 재산을 너무 일찍 넘겨줘도 문제지만, 너무 늦게 넘겨주는 것도 실효성이 떨어집니다. 그래서 증여와 상속은 적절한 시기에 적절한 만큼의 자산이 이전되도록 하는 것이 포인트입니다.

증여를 포함한 상속 설계는 일찍 하면 할수록 세금이 절약되기도 하지만, 본인 사후 가족 간의 분쟁을 막기 위해서도 꼭 필요합니다. 아시다시피 상속 설계에서 가장 핵심이 되는 부분은 유언입니다. 민법에서 정한 유언 방식은 총 다섯 가지입니다. 자필증서, 녹음, 공정증서, 비밀증서, 구수증서(일종의 구술)입니다. 각 방식에 따라 정해진 형식이 있고, 형식에 맞지 않으면 유언이 법적으로 인정되지 않습니다. 유언이 있으면 그것이 우선되고, 유언이 없을 때에는 정해진 비율에 따라 법정상속을 하게 됩니다. 민법상 법정상속인은 다음과 같은 순서로 정해집니다. 피상속인(사망한 자)을 기준으로 1순위 직계비속과 배우자, 2순위 직계존속과 배우자, 3순위 형제자매, 4순위 4촌 이내의 방계혈족이 됩니다.

유언제도는 유언자가 남긴 최종 의사를 존중하고, 사후에 의사대로 실현을 보장하기 위한 제도여서 유언 자유의 원칙이 확립되어 있지만, 상속인들의 생활 안정과 재산의 공정한 분배를 위해 이 자유가 제한되기도 합니다. 가장 대표적인 것이 유류분(遺留分) 제도입니다. 예를 들어 피상속인에게 아들 A와 아들 B만 있는데, 아들 A에게만 모든 재산을 상속하겠다고 유언을 해도 아들 B는 법정상속분의 1/2을 받을 수 있도록 민법에 그 권리가 보장되어 있습니다. 이 예에서 상속자가 아들 둘 뿐이라면 법정 상속은 원래 1:1 비율이라 1/2씩 나누어야 하지만, 유언에 따라 B가 아무것도 못 받으니 유류분을 적용하면 1/2의 1/2, 즉, 1/4만큼은 받을 수 있게 됩니다.

주위에서 보면 부모님이 돌아가셨는데 유언이나 유언장이 없는 것은 물론이고, 고인의 재산이 어디에 얼마가 있는지조차 모르는 경우도 많습니다. 또 고인의 재산이 모두 부동산이라서 상속받은 재산은 많은데, 당장 세금 낼 돈이 없어 쩔쩔매는 분들도 많습니다. 증여와 상속에 대한 계획을 세우는 것은 은퇴 설계의 기본입니다. 그래서 인생 후반전에 접어들었다면 유언장을 작성해 이에 대한 의지를 미리 밝혀두는 것이 좋습니다. 유언장에 재산 상황을 자세히 알리고 유류분 등을 생각해 합리적으로 재산을 배분해 둔다면 본인이 갑작스럽게 사망한다 하더라도 유족들이 당황하지 않게 됩니다. 이는 본인은 물론이고, 아직 생존해 계시는 부모님께도 꼭 말씀드려야 할 사항입니다.

9. 복지 제도를 알아보는 습관

'지공(地空)'이라는 말을 들어보셨나요? 공자는 40세를 불혹(不惑), 50세를 지천명(知天命), 60세를 이순(耳順) 이라고 명명한 바 있습니다. 공자 대신 누가 만들었을지 모를 지공이란 '지하철 공짜'의 줄임말입니다. 지하철을 무료로 이용할 수 있는 나이인 만 65세를 지칭합니다. 공자가 살던 때에는 65세까지 산 사람이 많지 않았지만 지금의 만 65세는 왕성한 활동을 하는 나이이고 여러 가지 복지 혜택이 많아지는 나이입니다. 누군지는 알 수 없지만 '지공'이라는 말을 생각해 낸 사람의 위트에 감탄하지 않을 수 없습니다.

65세부터는 복지 혜택이 크게 늘어나기 때문에 은퇴 설계를 할 때도 이런 점을 충분히 고려해야 합니다. 나는 아직 젊으니 나와는 상관없는 얘기구나 할 수 있지만, 고령의 부모님을 두셨다면 자녀가 챙겨야 할 복지 혜택도 있습니다. 우리는 정부에 세금을 내고 있으니 국가가 주는 혜택을 충분히 누릴 자격이 있고, 이것을 잘 알아 두고 챙기는 것은 국민의 권리이기도 합니다. 그리고 복지 제도는 특성상 수시로 바뀌기 때문에 계속 주시해야 할 사안이기도 합니다.

우리나라 국적을 가지고 있는 만 65세 이상 고령자에게는 '기초연금'이라고 하는 기본적인 복지가 제공됩니다. 기초연금은 국민연금에 가입하지 못한 사람이나 가입 기간이 짧아 충분한 연금을 받지 못하는 사람들을 위한 제도입니다. 2021년 기준 만 65세 이상 노년층 70%에게 단독 가구에는 월 30만 원, 부부 가구에는 월 48만 원이 지급됩니다. 지급 대상자는 가구의 소득 인정액을 기준으로 선정합니다. 2021년 현재, 소득 인정액이 단독 가구는 월 1,690,000원 이하, 부부 가구는 월 2,704,000원 이하여야 지급 대상이 됩니다. 소득 인정액이라 함은 실제 소득은 물론이고 재산을 소득으로 환산한 금액까지 더해 결정합니다. 소득의 종류에 따라 소득의 평가 비율이 다르고 재산을 소득으로 환산하는 계산 방식도 다 다르니, 반드시 만 65세 생일이 되기 1개월 전에 미리 알아보아야 합니다. 본인이 직접 신청할 수도 있지만 배우자나 자녀, 형제자매, 친족, 사회복지시설장 등의 대리 신청도 가능합니다. 전국의 읍·면 사무소나 주민센터, 국민연금공단 지사나 상담센터 등으로 문의하면 됩니다.

국민연금 수급이 공식적으로 시작되는 나이는 만 65세부터입니다. 우리나라에서는 1988년에 국민연금 제도가 시행됐는데, 초창기에는 만 60세부터 수급이 가능했지만 제도 개혁을 통해 1969년 이후 출생자부터는 수급 연령이 65세로 늦추어졌습니다. 국민연금과 기초연금은 둘 다 사회보장적인 성격을 가진 연금이기 때문에 이 두 가지 공적연금은 상호 연계가 되어 있습니다. 즉, 국민연금을 45만 원 이상(2021년 기준) 받는 사람부터는 기초연금이 점차 감액됩니다. 그리고 국민연금 수급이 가능해지는 나이를 기준으로 당겨 받거나 늦춰 받는 것이 가능한데, 당겨 받는 것을 조기노령연금, 늦춰 받는 것을 연기연금이라고 합니다. 조기노령연금을 택하면 수급액이 1년에 6%씩 감액되고, 연기연금을 택하면 수급액이 1년에 7.2%씩 증액됩니다. 즉, 조기노령연금은 연금액은 감액되지만 전체 수급기간이 늘어나고, 연기연금은 연금액은 늘어나지만 전체 수급기간이 줄어드는 식입니다. 따라서 국민연금을 언제 받을지도 만 65세 이전에 결정해야 합니다.

그리고 만 65세 이상부터는 시니어 패스(어르신 교통카드)가 발급됩니다. 앞서 지공이라는 말을 한 것처럼 이 카드로는 지하철을 공짜로 탈 수 있습니다. 열차를 이용할 때에도 30% 감면을 받을 수 있는데(KTX·새마을호는 토·일, 공휴일 제외), 통근 열차는 50%까지 감면됩니다. 항공 요금에도 감면 혜택이 있습니다. 대한항공은 국내선·국제선 항공 요금의 10%가 감면됩니다(단, 성수기, 일부 노선은 제외). 한국해운조합에서도 국내 연안 여객선 여객운임의 20% 감면하고 있으니 육해공을 통한 운송 수단 모두에서 혜택을 받을 수 있습니다.

그리고 만 65세 이상 어르신을 위한 통신 요금 할인 혜택도 있습니다. 이 혜택은 기초연금을 받는 사람에게 주어지는데 많은 사람들이 놓치기 쉬운 내용입니다. KT, SKT, LGU+ 가입자가 대상이며 월 청구된 이용금액의 50%, 월 최대 11,000원이 감면됩니다. 기초연금 대상자라면 통신사 대리점에 방문해 신청하거나 주민센터, 국민연금공단 지사에 가서 신청할 수 있습니다. 인터넷으로는 복지로(bokjiro.go.kr), 정부24(gov.kr) 사이트에서 신청할 수 있습니다. 이 혜택은 부모님을 위해 자녀분들이 챙기면 좋을 것 같습니다.

통신요금뿐만 아니라 문화 활동비 할인 혜택도 챙겨봐야 합니다. 고궁, 능원, 국·공립박물관, 국·공립 공원, 국·공립미술관은 모두 무료입장이 가능하고 국·공립국악원 입장료는 50% 이상이 할인됩니다. 국가·지자체가 운영하는 공연장(대관 공연 제외)도 입장료가 50% 할인되니 어르신들이 여가를 보낼 때 활용할 수 있는 팁이 아닐까 싶습니다. 제가 티켓팅을 할 때 보면 사설 단체들에서도 대부분 경로 우대 할인 제도를 시행하고 있는 걸 볼 수 있습니다.

만 65세 이상이 아니더라도 병원비는 우리가 살면서 가장 걱정하는 문제입니다. 현재 우리나라는 의료 복지 시스템이 잘 되어 있기 때문에 생각보다 병원비 부담이 크지 않습니다. 고령화가 지금처럼 급격히 진행되면 지금의 시스템이 어떻게든 개편의 과정을 겪겠지만, 지금 고령층은 꽤 많은 혜택을 누리고 있다고 볼 수 있습니다. 건강보험에는 가입자의 의료 급여 본인 부담금이 일정 기준액을 초과하지 않도록 하는 '본인부담 상한제'라는 것이 있습니다. 건강보험료 산정의 기준이 되는 소득 수준에 따라 이 상한액도 달라집니다. 가장 소득이 많은 10분위의 상한액이 연간 584만 원(2021년 기준)이고 가장 소득이 적은 1분위는 연간 81만 원입니다. 물론 비급여 항목은 제외되는 것이라서 실제 부담하는 병원비는 이보다 클 수 있지만 큰 병에 걸린다고 해서 병원비가 무한정 들어가지는 않습니다. 특히 고령층이 많이 걸리는 여러 질환(암, 뇌혈관질환, 심장질환, 중증 치매질환)에는 '건강보험 산정특례'가 적용됩니다. 암의 경우에는 5년간 진료비의 5%만 본인이 부담하면 됩니다. 뇌혈관 질환으로 입원했을 경우에도 최대 30일까지 진료비의 5%만 내면 되고 심장 질환의 경우에도 마찬가지(단, 복잡성 선천성 심기형 및 심장이식 시 60일)입니다. 중증 치매의 경우 진단되는 질병코드에 따라 V800(희귀난치 성격의 치매질환)은 5년 전체기간, V810(원인불명의 환자상태에 따른 중증치매)은 5년동안 매년 60일간(연장사유 발생 시 최대 60일 연장) 산정 특례가 적용되어 진료비의 10%만 부담합니다. 암이나 성인병을 보장하는 보험에 가입하지 않았다면 보험보다 의료비 통장을 준비하는 것이 효율적이라고 말하는 이유도 이런 제도들 때문입니다.

고령자들이 가장 두려워하는 질환의 하나인 치매는 환자뿐 아니라 보호자에게도 큰 고통을 주는 질환입니다. 제 주변 얘기를 잠깐 하자면, 얼마 전 저랑 아주 가까운 동료 PD인 L이 자신의 시어머니가 치매에 걸렸다면서 간병비 걱정을 했습니다. 저는 노인장기요양보험이 있어서 간병비가 생각보다 많이 들지 않을 테니 걱정하지 말라고 했더니 L이 "나 그 보험 가입 안 했는데?"라고 말해 깜짝 놀란적이 있습니다. 건강보험 가입자라면 노인장기요양보험에는 자동으로 가입됩니다. 제가 알기로 L의 시어머니는 L의 건강보험 피부양자로 올라가 있기 때문에 당연히 노인장기요양보험에 가입되어 있는데 L은 그 사실을 모르고 있었습니다. 우리는 매월 건강보험료액의 12.81%(2023년도 기준)를 장기요양보험료로 납부하고 있습니다. 그런데 이 사실을 모르고 있는 사람들이 의외로 많습니다. 노인장기요양보험은 고령이나 노인성 질병 등의 사유로 일상생활을 혼자서 수행하기 어려운 노인 등에게 신체 활동 또는 가사 활동 지원 등의 장기요양급여를 제공하여 노후의 건강 증진 및 생활 안정을 도모하고, 그 가족의 부담을 덜어줌으로써 국민의 삶의 질을 향상하도록 함을 목적으로 하는 사회보험제도입니다. 노인장기요양보험은 주로 장기요양 급여로 지출되는데, 여기에는 다음의 세 가지 경우가 있습니다.

① 재가급여: 요양보호사가 수급자의 집을 방문해서 목욕, 배설, 옷 갈아입기, 머리 감기, 취사, 생필품 구매, 청소 등을 도와주는 방문요양비 지원(보험 85%, 본인부담 15%)

② 시설급여: 치매, 중풍 등 노인성 질환으로 장애가 발생하여 도움을 필요로 하는 자를 노인요양시설에 입소시킬 때 발생하는 비용 지원(보험 80%, 본인 부담 20%)

③ 특별현금급여: 장기요양기관을 이용하기 어려운 자가 가족 등으로부터 장기 요양을 받아야 하는 수급자에게 현금으로 지급(15만 원/월, 장기요양등급 1~3등급시)

장기요양급여를 받으려면 일정한 절차에 따라 장기요양급여를 받을 수 있는 권리(수급권)를 취득해야 합니다. 이를 '장기요양인정'이라고 합니다. 즉, 가입자가 장기요양인정 신청을 하면 관계 기관에서 방문 조사를 나와 '심신의 기능 상태에 따라 일상생활에서 도움(장기요양)이 얼마나 필요한가?'를 지표화한 장기요양인정 점수를 기준으로 6개 등급(1~5등급 & 인지지원등급)중 하나로 판정하고 등급에 따라 비용을 지원해 줍니다. 인지지원등급은 치매 등급을 따로 산정하는 것을 말합니다. 심사 결과에 따라 재가 방문 요양보호사가 평일 하루 3시간 정도 집으로 방문해 부모님의 일상생활을 도와줍니다. 이때 요양등급 1등급인 경우 월 최대 1,885,000원(이하 모두 2023년 기준)을 지원받을 수 있고, 인지지원등급은 월 최대 573,900원이 지원됩니다. 등급 판정을 받은 수급자가 노인요양시설을 이용해도 급여를 받을 수 있습니다. 요양등급 1등급인 경우 일 최대 71,900원까지, 치매전담형 시설인 경우 일 최대 82,280원까지 급여가 나옵니다. 물론, 부모님을 직접 케어해 드리면 좋겠지만 그럴 형편이 되지 않아 요양시설에 모신다고 해도 20%만 부담하면 됩니다.

2000년에 우리나라가 고령화 사회에 들어섰을 때 우리보다 일찍 고령 사회에 진입한 일본의 복지제도를 취재한 경험이 있습니다. 그때 당시 우리나라에는 없는 '개호(care)보험'이라는 제도를 처음 접했는데, 매우 인상적이었습니다. 우리나라도 2008년 그와 비슷한 장기요양보험이 생겨 앞서 설명해 드린 혜택을 받을 수 있게 되었습니다. 더 많은 정보는 노인장기요양보험 홈페이지(longtermcare.or.kr)에서 확인할 수 있습니다.

우리나라에는 생각보다 많은 복지 제도가 있는데, 잘 몰라서 이용하지 못하는 경우가 많습니다. 특히 고령층을 위한 복지는 잘 알아 두면 부모님 부양에도 본인의 은퇴 설계에도 매우 유용합니다. 복지에 대해 통합적으로 알아보는 가장 쉬운 방법은 '복지로' 사이트나 앱을 이용하는 것입니다. 복지 제도를 알아보는 것이 귀찮고 자주 들여다보는 습관으로 만들기 쉽지 않다면 2021년 9월부터 도입된 복지멤버십에 가입해도 됩니다. 복지로 사이트에 본인 인증을 하면 개인·가구 소득과 재산을 주기적으로 가(假)판정해서 사업 목록과 대상자에게 필요한 서비스를 매칭해줍니다. 개인 정보를 많이 제공해야 해서 꺼려질 수도 있겠지만 새로 생기는 제도나 없어지는 제도를 그때 그때 체크하는 것이 쉽지 않기 때문에 복지 혜택을 놓치지 않으려면 유용하게 이용할 수 있는 서비스입니다.

10. 주거에 대해 생각해보는 습관

어느 토요일 오후 친한 선배로부터 카톡이 왔습니다. 자전거를 타고 서울 근교를 자주 다니는 선배인데, 경기도 양평에 아주 마음에 드는 땅이 매물로 나와 계약을 하고 싶다는 내용이었습니다. 물론 처음 간 지역은 아니었고 항상 다니던 동네라고 했습니다. 토요일이라 부동산 중개 사무소가 때마침 열려 있어 들어가서 이것저것 물어보니 괜찮은 매물이 나와 있더라는 것이었습니다. 시골 출신인 이 선배는 오래전부터 은퇴 후 전원생활을 꿈꾸고 있었습니다. 저는 "사모님과 상의하셨어요?"라고 답문자를 보냈는데, 어이없게도 "아니"라는 답이 돌아왔습니다. 부동산 시세에 대해 제가 잘 안다고 생각하고는 부인보다 저에게 먼저 물어본 것이었습니다. 선배는 시골에 땅을 사고 집을 짓는 일을 이전부터 계획하고 있었지만 배우자의 동의를 아직 받은 상태는 아니었습니다. 은퇴 후 어디에 살지를 정하는 것은 은퇴 설계의 기본 중의 기본입니다. 특히 배우자와는 이 주제에 대해 충분한 시간을 가지고서 합의를 보는 것이 중요합니다. 합의가 안 되거나 남편과 아내가 생각하는 노후의 주거 공간이 다를 경우 이 때문에 싸움을 하거나 별거, 졸혼(卒婚, 결혼을 졸업한다는 의미로 법적인 이혼을 하지 않은 상태에서 따로 사는 것을 말함)까지 가는 경우도 있습니다.

또 다른 한 선배는 은퇴 후 전원생활을 하고 싶었지만 배우자가 동의해 주지 않아 중재안으로 서울의 아파트는 그대로 두고 경기도에 전원주택을 샀습니다. 경제적으로 여유가 있어 조경도 잘되어 있고 텃밭도 넓은 집을 장만했습니다. 퇴직 전에 미리 준비해놓고 한동안은 주말마다 텃밭 돌보는 일을 즐겼다고 합니다. 그런데 어느 날 일을 하다 갈비뼈에 금이 가는 사고를 당하고 맙니다. 다행히 크게 다치진 않았지만 한동안은 시골집을 돌보지 못했습니다. 그런데 그 일이 있은 후 몇 주 뒤 선배는 집 주변 정리를 하다 운이 나쁘게도 또 한번 넘어져 다리를 다치게 됩니다. 그렇게 두번이나 고생을 하던 선배는 전원주택을 팔아야겠다고 결심을 합니다. 하지만 그 사이 부동산 규제가 심해져 싸게 내놓았음에도 불구하고 살 사람을 쉽게 찾지 못해 마음고생을 많이 했습니다.

집도 재화의 일종이지만 확실히 소유자나 거주자와의 궁합이 있는 것 같습니다. 어떤 집에 살 때는 하는 일마다 잘되고 경제적으로도 이익을 가져다주는데, 또 다른 집은 그 반대인 경우도 있습니다. 나와 궁합이 맞지 않는 집도 다른 사람이 소유하면 상황이 달라지기도 합니다. 그래서 나와 인연이 없는 집이라고 생각되면 빨리 손절하는 것이 답입니다. 그런데 노후에 살 집으로 마련해 둔 집이라면 쉽게 팔거나 이사하기가 쉽지 않습니다. 그래서 노후의 주거 공간은 더욱 심사숙고해서 정해야 합니다. 일단 도시에서 살 것인가 시골에서 살 것인가, 아파트에 살 것인가 일반 주택에 살 것인가, 자가로 살 것인가 전세 혹은 월세로 살 것인가 이 모두가 선택의 문제입니다. 하지만 은퇴자산 대부분을 부동산에 묶어두는 것은 현명한 선택은 아닙니다. 노후에는 살림을 줄이고 미니멀 라이프를 지향하면서도 주거비를 절약할 수 있는 방법을 찾아보는 것이 좋습니다. 부부만의 노년을 지향하는 'TONK(Two Only, No Kids)족'이 되었다면 집의 평수를 줄이는 것도 고려해볼 수 있습니다. 그리고 자녀 교육을 위해 정착했던 동네에 남아있기보다는 노후에 살기 좋은 동네로 이사하는 것도 생각해 보아야 합니다. 그렇다면 노후에 살기 좋은 집의 조건은 무엇일까요?

혹시 '복세권'이라는 말 들어보셨나요? 지하철역이 가까운 곳을 역세권이라고 하는 것처럼 복지 시설이 가까운 곳을 복세권이라고 합니다. 초고령 사회를 바라보는 요즈음, 복지 시설이라 함은 은퇴 생활에 도움이 되는 노인복지관, 도서관, 체육관 같은 곳들입니다. 요즘 노인 복지관에서는 유익한 프로그램들이 많아 시간 보내기에도 좋고 식사도 저렴하게 할 수 있습니다. 복지관 회원이라면 1천 원으로 가볍게 한 끼 해결도 가능합니다. 가격도 가격이지만 영양사가 만든 건강 식단이라는 점이 강점입니다. 집 근처에 노인 복지관이 있다면 식비와 여가 생활비를 상당 부분 절약할 수 있습니다. 이에 더해 체육관과 도서관이 가깝다면 육체와 정신의 건강을 지킬 수 있으니 그것도 금상첨화입니다. 노후에 살기 좋은 집이라고 하면 막연히 교통이 좋고 병원 가까운 곳이라고 생각하지만, 여가 문화 시설까지 잘 고려해서 주거지를 정하면 실패가 없습니다. 물론 손품(인터넷 검색)과 발품(현장 답사)은 필수입니다. 만약 이런 곳을 찾기 힘들다면 아파트 단지 커뮤니티 내에 도서관과 운동 시설이 잘 갖추어져 있고 노인회가 활성화되어 있는 단지를 고르는 것이 좋습니다. 요즘은 아파트 단지마다 공동으로 식사를 해먹을 수 있도록 비용이나 인력을 경로당으로 지원하기도 합니다. 그래서 이곳에서 함께 음식을 나누어 먹으며 동네 사람들과 한 식구처럼 지내는 어르신들도 많습니다. 여름에는 시원하고 겨울에는 따뜻한 경로당은 집보다 더 쾌적해서 매일 경로당으로 출근하는 어르신들이 많습니다.

노후의 주거 공간으로 고려할만한 또 다른 옵션이 있습니다. 바로 노인복지주택 '실버타운'입니다. 실버타운은 요양원이나 요양병원과는 달리 독립적으로 생활하는데 큰 불편이 없는 건강한 고령자들이 생활 편의를 위해 들어가는 주거 시설입니다. 노인들이 생활하기 편리하게 지어진 아파트라고 생각하면 됩니다. 대부분 식사나 청소 서비스가 포함되어 있어 가사 노동을 할 필요가 없고, 의료 인력이 상주하고 있어서 건강상 도움을 받을 수도 있습니다. 부부 중 한 사람이 60세 이상이면 누구나 입소할 수 있습니다. 다만 건강해야 한다는 전제 조건은 충족되어야 합니다. 우리나라에는 현재 30여 개의 실버타운이 운영되고 있습니다. 그런데 그 숫자를 다 더해도 고령 인구의 0.1% 정도밖에 되지 않습니다.

저희 부모님은 우리나라에서는 실버타운 초창기라고 할 수 있는 2008년에 실버타운에 입주하셨습니다. 신문에서 본 새로운 트렌드에 호기심이 많았던 아버지는 실버타운도 그런 경로로 알게 되셨는지 실버타운에 들어가고 싶으니 알아봐 달라고 제게 부탁하셨습니다. 저는 일찍이 일본에서 실버타운 취재를 하면서 진작부터 우리 부모님도 이런 곳에서 노후를 보내시면 좋겠다는 생각을 하고 있었는데, 선뜻 얘기

꺼내기가 어려웠습니다. 당시에는 실버타운을 무료 양로원 같은 곳으로 생각하는 사람들이 많아 거부감이 있었습니다. 그런데 아버지께서 먼저 말씀을 꺼내셔서 기쁘기도 했고, 또 한편으로는 시대를 앞서 가는 생각에 감탄하기도 했습니다. 저는 당시 모든 정보력을 동원해 몇 개의 실버타운을 알아보고 강서구에서 새로 문을 여는 곳을 추천해 드렸습니다. 강서구는 부모님이 40대 때 살던 곳이어서 익숙한 지역이기도 했고, 바로 앞에 9호선 전철역과 대형 마트가 있어서 부모님도 흡족해하셨습니다. 매달 내는 관리비도 부부 기준 150만 원을 넘지 않아 연금 생활을 하시던 부모님 입장에서는 무리가 없는 수준이었습니다. 관리비가 이 정도면 너무 비싸다고 생각할 수도 있겠지만, 식비(의무식 60식)와 건강 관리 비용, 각종 커뮤니티 이용료가 포함되는 걸 고려하면 합리적인 수준이라 할 수 있습니다. 실버타운에 들어갈 때 내는 입주 보증금은 아파트에 전세로 살 때 내야 하는 전세금과 비슷합니다. 매월 내는 관리비도 아파트 관리비와 식대를 더한 정도입니다. 실버타운마다 입주보증금이나 관리비의 편차는 상당히 큰 편입니다. 보증금이나 관리비가 더 비싸다고 해서 실버타운의 품질이 더 좋은 것도 아닙니다. 그래서 오랜 시간을 두고 발품을 팔고 선택하는 것이 필수입니다.

우리나라에서는 아직 실버타운이 일반적인 주거 형태로

자리 잡지 못했습니다. 1993년 우리나라에 최초의 실버타운이 들어온 이후 성공적으로 안착한 곳이 있는가 하면 분양 사기나 운영 미숙으로 문을 닫은 곳들도 있습니다. 실버타운에 대한 관리가 힘들어지자 정부는 2015년부터 실버타운 분양을 금지했습니다. 이것이 실버타운이 활성화되지 못한 큰 이유가 되기도 했습니다. 제가 일본으로 취재 갔을 때 실버타운 갯수도 많고 수준도 다양해서 놀란적이 있습니다. 그때만 해도 우리나라에 연금생활자가 많지 않아 우리와는 거리가 있는 얘기 같았지만 국민연금을 도입한 지 30년이 넘은 지금은 일본과 상황이 비슷해졌다고 할 수 있습니다.

앞으로 더 다양한 실버타운이 생겨 선택의 폭이 넓어졌으면 좋겠습니다. 현재 시설이 나쁘거나 가성비가 떨어지는 실버타운은 외면받고 있지만, 사람들의 선호도가 높은 실버타운은 공실이 거의 없고 대기자가 많아 몇 년을 기다려야 입주할 수 있습니다. 부모님이 실버타운에서 만족스럽게 생활하시는 것을 봤기 때문에 저 역시도 노후 주거지로 실버타운을 생각하고 있습니다. 10여 년 후쯤에는 저도 입주할 생각인데, 저에게 가장 적합한 곳을 찾아 미리 신청해 둘 생각입니다.

분양형 실버타운이 사라져가는 지금, 보증금에 관리비를 내야 하는 임대형 실버타운이 대세가 되었는데, 이런 시스템은 자가에서 계속 머물고 싶은 분들에게는 맞지 않을 수 있습니다. 우리나라에는 통상 집 한 채만 가지고 있는 은퇴자들이 많습니다. 그런데 노후에는 집과 생활비 둘 다 확보되어야 합니다. 만약 집은 있는데 생활비가 부족하다면 본인 소유의 주택에서 평생 거주하며 매달 노후 생활 자금을 받을 수 있는 주택연금을 고려해 볼 수 있습니다. 주택연금은 현재 부부 중 한 명이 만 55세 이상이고 주택의 기준시가가 9억 원 이하이면 가입할 수 있습니다. 그리고 가입자가 사망하더라도 배우자에게도 동일한 연금액이 보장됩니다. 주택연금에 가입해서 받은 연금이 집값을 넘어도 부부 둘 다 사망할 때까지 지급이 보장되는 종신연금이라는 점은 주택연금의 가장 큰 장점입니다. 사망할 때까지 받은 연금이 집값에 못 미쳐 남은 금액이 생기면 주택은 경매 처분이 되어 상속인에게 승계됩니다. 집값이 내려가거나 금리가 올라도 혹은 가입자가 오래 살아도 받는 금액은 똑같기 때문에 부동산 하락기나 금리 상승기에 가입하는 것이 유리합니다. 부부가 평균 수명보다 오래 살 확률이 높다면 유리한 선택지이지만 그 반대라면 가입을 다시 한 번 생각해봐야 합니다.

지금 우리나라의 은퇴 세대는 자산의 70% 이상이 부동산에 편중되어 있습니다. 주거 공간인 동시에 가장 큰 자산인 집은 고령자들이 연금화 할 수 있는 마지막 보루이기도 합니다. 인생 후반전을 맞아 노후의 주거에 대해 생각해보는 습관을 가져야 하는 이유가 여기에 있습니다.

2부

비재무적 습관

11. 건강하게 아침을 맞는 습관

제가 회사 생활을 시작한 1990년대에는 KBS는 물론이고 MBC, 91년에 개국한 SBS도 여의도에 있었으니 여의도가 방송 산업의 메카로 인식되던 시절이었습니다. 2004년 SBS는 목동으로 본사를 옮기고 MBC도 2014년에 상암동 신사옥으로 이전했지만 KBS만은 여전히 여의도를 지키고 있습니다. KBS가 여의도에 계속 남아있는 이유는 부지를 새롭게 마련해 시설 좋은 신사옥을 지을 재원이 없기 때문입니다. 다른 직원들은 이 부분을 아쉬워하고 있지만 저는 지금 이대로의 회사도 좋습니다. 익숙함이 가져다주는 편안함이 좋을 뿐만 아니라, KBS 앞에 있는 여의도 공원과 오래된 KBS 건물은 운동을 싫어하는 저에게 최소한의 운동을 하도록 도와주기 때문입니다.

여의도 KBS 본관에서 국회 쪽을 바라보면 저층 아파트같이 생긴 건물들이 옹기종기 모여 있는 게 보입니다. 그게 뭔지 궁금해하는 사람들이 많은데, 그것은 'KBS 연구동'이라고 불리는 건물들입니다. 과거에는 국회의원 회관 등으로 쓰였다고 하는데, 1980년대에 KBS가 인수하면서 현재는 사무 공간으로 이용되고 있습니다. 오래된 건물이라 엘리베이터도 없는 이곳은 근무 환경이 열악하기로 악명이 높습니다. 저는 작년까지 3년가량을 이 연구동 건물 4층에서 일했습니다. 처음에는 엘리베이터도 없는 낡은 건물에 있는 사무실에 정이 안 갔지만, 지나고 보니 저에게 좋은 습관 하나를 만들어 준 소중한 공간이었다는 생각이 듭니다.

고백컨데, 저는 운동을 무척이나 싫어합니다. 학창 시절에도 체육 시간이 있는 날은 비가 오기만을 기도했을 정도입니다. 그런 저에게 KBS 연구동 근무는 계단 오르기 습관을 선물해주었습니다. 계단 오르기는 제가 평생 가져갈 습관으로 생각하는 운동입니다. 처음에는 매번 4층까지 오르내리는 것이 너무 불편했지만, 적응이 되자 화장실도 5층 대신 일부러 1층을 이용할 정도가 됐습니다. 지금 근무하는 KBS 본관 5층 라디오 사무실에는 엘리베이터가 있지만 3년 동안 다져진 계단 오르기 습관으로 지금은 출근할 때나 점심시간에도 항상 계단을 이용해 5층까지 올라갑니다. 회사에서만 그러는 게 아니라 퇴근을 하고서도 컨디션이 나쁘지 않으면 21층 집까지도 계단으로 오릅니다. 회사에서의 계단 오르기가 습관이 되지 않았다면 21층은 엄두조차도 내지 못했을 것입니다. 아주 오래전에 살던 아파트에서 엘리베이터가 고장이 나 딱 한 번 20층까지 올라간 적 있는데, 그때는 아주 젊었을 때인 데도 다시는 못 할 일이라고 생각했습니다. 하지만 지금은 21층에 오르는 것이 5층을 오를 때보다 약간 더 힘들 뿐 아주 어려운 일이 아닌 것처럼 느껴집니다. 모든 것이 마찬가지인 것 같습니다. 한 번에 너무 거창한 습관을 만들려고 생각하면 작심 3일이 되지만, 작은 것부터 조금씩 실천해 나간다면 얼마든지 좋은 습관을 만들 수 있습니다.

앞서 '우아하게 가난해지는 습관' 편에서 절약을 위해서는 생활 양식을 바꾸어야 한다고 했습니다. 승용차 대신 대중교통을 이용하는 습관은 절약을 위해서 뿐만 아니라 건강에도 좋은 실천입니다. 저는 은퇴한 후에 승용차를 처분할 생각입니다. 그런 생각을 하게 된 것은 몇 년 전부터 대중교통으로 출퇴근을 하면서 여러 장점이 있다는 것을 알게 되고서부터입니다. 우리 집에서 회사까지는 버스 전용차로가 있어서 승용차보다 버스가 훨씬 빠릅니다. 처음에는 출퇴근 시간에만 대중교통을 이용했으나 지금은 다른 곳을 갈 때에도 지하철과 버스를 이용합니다. 운전을 안 하면 책을 읽거나 유튜브를 보면서 이동할 수 있으니 시간을 효율적으로 쓸 수 있어 좋고 걷기와 계단 오르기를 함께 실천할 수도 있습니다. 그리고 저는 외식하러 갈 때도 일부러 집에서 두 정거장쯤 떨어진 식당으로 갑니다. 식사한 후 10분 이상 걷는 것이 성인병 예방에 좋다는 것을 알게 된 후부터입니다. 배달 음식을 먹거나 집 근처에서 외식을 하면 집에서 바로 퍼져버리기 쉬우므로 일부러 먼 곳의 식당을 찾아가고 있습니다.

요즘은 성인병이란 말보다 '생활습관병'이라는 말이 더 자주 사용되고 있습니다. 생활습관병은 잘못된 생활 습관에서 비롯되는 병으로 고혈압, 고지혈증, 당뇨병 등 성인들에게 통상 나타나는 대부분의 병이 이 범주 안에 들어갑니다. 제 팟캐스트에 출연했던 서울대병원 강남센터 김선신 교수는 생활습관병을 예방하기 위해 습관의 중요성을 강조하고 있습니다. 김 교수의 전문 분야인 라이프 스타일 의학에서는 약 대신 습관을 처방합니다. 유산소 운동, 근력 운동, 유연성 운동의 중요성을 강조하는 김교수는 생활 속에서 실천할 수 있는 운동으로 걷기와 계단 오르기를 강력히 추천합니다. 유산소 운동은 몸 안에 최대한 많은 양의 산소가 공급되어 근육이 산소를 풍성하게 사용하면서 근수축을 반복하는 운동입니다. 빠르게 걷기, 조깅, 수영, 자전거타기, 에어로빅 등이 여기에 해당합니다. 그리고 근력 운동은 근육량을 지켜주는 운동으로 계단 오르기, 스쿼트, 런지, 푸시업 등이 여기에 해당합니다.

일본 도쿄의 건강장수의료센터에서 근육을 연구하는 김헌경 박사는 노후에 근육이 손실되어 거동이 불편해지면 삶의 질이 극단적으로 떨어진다는 사실을 강조합니다. 그는 『근육이 연금보다 강하다』라는 책에서 하루 10분의 근력 강화 운동으로 노년기를 대비한 '근육연금'을 부어야 한다고 주장합니다. 근육연금이란 근육을 층층이 쌓아 연금처럼 쓸 수 있게 하자는 의미입니다. 그래서 저는 하루에 최소 10분 동안 계단 오르기로 근력 운동을 대신하고 있습니다. 이것만으로 근력 운동이 충분하다고는 할 수 없겠지만 저같이 운동하기 싫어하는 사람에게는 최적의 운동입니다. 아마 저 보고 헬스장 가서 정식으로 스쿼트, 벤치프레스, 데드리프트를 하라고 했다면 저는 못했을 것입니다. 유산소 운동도 마찬가지입니다. 점심식사 후 여의도 공원을 산책하는 것부터 시작해 지금은 매일 하루에 1만 보 이상을 걷고 있습니다.

노화를 연구하는 독일 학자 스벤 뷜펠은 『50 이후, 더 재미있게 나이 드는 법』이라는 책에서 이러한 생활 속 운동법을 '제로 피트니스'라고 명명했습니다. 피트니스 센터에 갈 시간이 없다 하더라도 포기하지 말고 운동을 하루 일과에 끼

워 넣자는 아이디어입니다. 빨리 걷기나 계단 오르기는 당연히 여기에 들어가 있고 빨래통에서 빨래를 꺼낼 때 스쿼트 자세를 취한다든지, 사무실에서 양팔을 의자에 대고 팔에 힘을 실어 몸을 위로 들어 올리는 방법 등도 여기에 해당합니다. 김헌경 박사의 책에도 비슷한 아이디어들이 소개되고 있습니다. 이중 제가 실천하고 있는 것 중 하나는 이를 닦을 때 기마 자세를 하는 것입니다. 이전에는 욕조 모서리에 걸터앉아 이를 닦았는데, 습관 하나만 바꾸었을 뿐인데도 얼마 되지 않아 허벅지에 힘이 들어간 느낌을 받았습니다. 3분 동안 이를 닦는다고 가정하고 하루에 세 번 실천하면 따로 시간을 내지 않고 매일 허벅지 근육을 10분가량 단련할 수 있습니다.

저는 과격한 운동은 싫어하지만 요가 같이 정적인 운동은 예전부터 즐겨 했습니다. 요가나 스트레칭 같은 유연성 운동은 근육이나 인대를 늘려주어 관절의 운동 범위를 증가시켜주고, 근육의 긴장을 완화해 몸을 부드럽게 해주기 때문에 인생 후반전에 더욱 필요한 운동입니다. 유연성 운동은 유일하게 제가 좋아하는 운동이라 오래전부터 요가 학원에서 수업을 듣기도 하고, 닌텐도 Wii를 보면서 따라 하기도 했습니다. 요즘은 '매일 아침 8분 스트레칭'이라는 유튜브 영상을 켜놓고 유연성 운동을 합니다. 요가 수업에 가거나 닌텐도를 켜놓고 하는 것보다 훨씬 편한 방법이 생겨서 얼마나 좋은지 모릅니다. 아침에 요가나 스트레칭을 하면 자는 동안 움츠려 있었던 몸의 근육이 서서히 깨어나기 때문에 하루를 개운하게 시작할 수 있습니다.

스트레칭으로 몸을 깨우는 것과 함께 중년 이후에 꼭 실천해야 할 아침 루틴은 물을 마시는 일입니다. 건강을 지키기 위해 하루에 2리터 이상의 물을 마셔야 한다는 것은 잘 알려진 사실이지만, 특히 아침에 마시는 물은 밤사이 걸쭉해진 피를 묽게 해주기 때문에 중년 이후에는 꼭 실천해야 하는 습관입니다. 저는 우리나라 다이어트 전문 한의사 1호인 정지행 박사가 처방해준 '음양탕(陰陽湯)'을 마시는 것으로 하루를 시작하고 있습니다. 음양탕이라고 하면 무슨 대단한 한약인 것 같지만, 정박사가 제 팟캐스트에 출연해 알려주신 공짜약입니다. 한방에서는 뜨거운 것을 양(陽)이라 하고 차가운 것을 음(陰)이라 하는데, 포트에 끓인 뜨거운 물을 머그잔에 반 정도 따르고 나머지 반을 찬물로 채우면 음양탕 제조가 끝납니다. 뜨거운 물과 차가운 물은 온도 차에 의해 대류현상을 일으키면서 미지근한 물이 되는데, 이것은 그냥 미지근한 물과 차이가 있습니다. 물 분자가 대류운동을 하면서 우리 몸을 자극해주기 때문입니다. 그래서 아침에 마시는 한 잔의 음양탕은 위대장 반사(Gastrocolic Reflex)를 일으켜 변비 예방의 효과가 있습니다. 같은 물이라도 정성을 다해 제조한 음양탕을 마신다면 건강에 더 큰 도움이 됩니다.

아침을 건강하게 맞이하려면 밤에 잘 자는 것도 필수입니다. 라이프 스타일 의학에서 말하는 중요한 생활 습관의 범주에는 식이, 운동, 수면, 스트레스, 술, 담배 이렇게 총 여섯 가지가 포함됩니다. 다른 다섯 가지는 많은 사람들이 중요성을 잘 알고 있는 것에 반해 잠을 잘 자기 위해 적극적으로 노력하는 사람은 많지 않은 것 같습니다. 넷플릭스의 리더 헤이스팅스 공동 CEO는 "우리의 최대 경쟁자는 잠입니다"라고 말한 바 있습니다. 이 말은 다른 매체를 경쟁 상대로 생각하지 않는다는 자신감의 표현이지만, 넷플릭스를 포함한 OTT 서비스의 넘쳐나는 콘텐츠는 실제로 우리에게서 잠을 빼앗고 있습니다. 영화나 드라마를 보느라, 게임을 하느라, 인터넷 파도타기를 하느라 수면 시간은 점점 줄어들고 있는 게 요즘 현대인의 삶입니다. 잠자리에서 스마트폰을 보지 않는 사람은 별로 없습니다. 10분만 봐야지, 하고 시작한 스마트폰이 한 시간을 훌쩍 넘기기 일쑤이고 자다가 깨서도 스마트폰에 문자나 SNS 소식이 있는지 확인하기도 합니다. 다들 아시겠지만 밤에 스마트폰을 보게 되면 거기서 나오는 블루 라이트가 수면 유도 호르몬 분비를 저해해 불면증과 각종 성인병을 유발합니다. 스마트폰이 우리의 건강 수면을 막는 방해꾼이 되는 것입니다. 스마트폰 때문에 망가진 수면 습관을 이제는 결심하고 바꿔야 합니다.

생활 속에서 되도록 많이 걷고 계단을 이용하는 등 제로 피트니스를 실천하는 일, 아침에 일어나 스트레칭으로 몸을 깨우고 음양탕을 마시는 일, 밤에 잠자리에 들 때 스마트폰을 멀리 두고 숙면을 취하는 일 등은 건강하게 아침을 맞기 위해 우리가 꼭 해야 하는 일들입니다. 이 일들은 어쩌다 생각나면 하는 일이 아니라 매일같이 습관적으로 해야 하는 일이기도 합니다. 실천하기 쉬운 것부터 하루의 루틴에 잘 끼워 넣어서 잊지 않고 실천했으면 합니다. 여러분의 건강과 장수를 위한 토대가 되어줄 것입니다.

12. 소식을 잘하는 습관

저는 어렸을 때부터 '소나기밥'을 먹는 습관이 있었습니다. 밥 생각이 없을 때는 몇 끼씩 굶다가, 한 번 먹을 때 몰아서 많이 먹는 습관입니다. 결혼한 후에는 비교적 식사가 규칙적인 편이 되었습니다. 남편은 남자로서는 드물게 소량의 밥을 천천히 먹는 식습관을 가지고 있습니다. 그러다 보니 남편과 밥 먹는 페이스를 맞추다 보면 남편보다 밥을 더 많이 먹게 되는 경우가 잦았습니다. 이것이 억울해 천천히 밥을 먹고 있는 남편을 보고 "군에도 다녀온 사람이 밥을 어떻게 그렇게 천천히 먹을 수가 있어?"라며 구박(?)을 하기도 했습니다. 남편도 지금은 예전보다는 밥 먹는 속도가 좀 빨라졌습니다. 그런데 지금 와서 생각해 보면 남편을 제 속도에 맞추게 하기보다,

제가 남편의 속도에 맞췄어야 했습니다.

우리가 음식을 먹고 포만감을 느끼는 데는 15분 정도가 걸립니다. 그래서 밥을 천천히 먹는 것이 소식하는 데 도움이 된다는 것은 잘 알려진 사실입니다. 현대인들은 기본적으로 영양이 과다한 식습관을 갖고 있습니다. 그래서 성장기가 지난 다음에는 무조건 소식하는 습관이 필요합니다. 특히 중년에 접어들면 기초 대사량이 현저히 줄기 때문에 필요로 하는 칼로리도 낮아집니다. 그러니 똑같이 먹어도 더 살이 찌게 됩니다. 그리고 식이 조절을 제대로 하지 않으면 각종 성인병의 원인이 되는 대사증후군에 걸리기도 합니다. 대사증후군은 여러 가지 신진대사와 관련된 질환이 동반된다는 의미로 복부 비만, 높은 혈당, 높은 혈압, 높은 중성지방혈증(중성지방 150 이상), 낮은 HDL콜레스테롤혈증(HDL콜레스테롤 40 이하) 등 5가지 검사 수치 중 3가지가 기준치 이상인 것을 말합니다.

제가 지난 몇 년간 우리 부부의 건강검진 결과를 종합해 보니 저나 남편이나 이들 수치가 대사증후군을 향해 달려가고 있다는 것을 알게 되었습니다. 그런데 제가 이상하게 느꼈던 점은 저는 고기를 먹지 않고 생선부터 먹는 채식주의자(페스코)인데도 육식을 즐기는 남편에 비해 콜레스테롤 수치가 훨씬 높다는 사실이었습니다. 저와 30년 가까이 친분을 유지하고 있는 중앙일보 의학전문기자 출신 황세희 박사에게 그 이유를 물어보았더니, 황 박사는 "고기를 안 먹는 사람은 탄수화물을 좋아하는 경향이 있는데, 탄수화물로 당분을 많이 섭취하면 그것이 지방으로 저장되기 때문에 지방을 먹지 않아도 혈중 콜레스테롤 수치가 높아질 수 있다"고 알려 주었습니다. 실제로 저는 탄수화물 중독이었습니다. 언제 어디서 식사를 하든 면이 메뉴에 있으면 꼭 면을 시켰습니다. 라면을 먹으면 꼭 밥을 말아 먹어야 했고, 냉면도 사리를 추가해야 잘 먹었다고 느낄 정도였습니다. 빵이나 떡 등 탄수화물 결정체를 좋아하는 것은 말할 것도 없고요. 그러다 보니 영양 균형을 맞추는 데는 거의 신경을 쓰지 않게 되었습니다. 이렇게 콜레스테롤 수치를 높이는 식습관을 갖고 있으면서도 '나는 고기를 안 먹으니 다른 사람보다 건강할 거야'라고 생각하고 있었으니 이게 무슨 근거 없는 자신감이었는지 모르겠습니다.

콜레스테롤 수치가 높아진 이유를 안 이상 더 이상 탄수화물 때문에 몸이 망가지는 것을 방치해둘 수는 없어 얼마 전부터 '탄수화물 적게 먹기 대작전'에 돌입했습니다. 일단 분식 횟수를 확! 줄이기로 했습니다. 그 전에 외식으로 즐겼던 떡볶이나 칼국수 같은 메뉴를 아예 제외해 버렸습니다. 중국집에 가서도 짜장면이나 짬뽕 대신 볶음밥을 시켜 먹고 이탈

리아 식당에 가서도 파스타 대신 리조또 메뉴를 주문했습니다. 그러자 일주일에 7회 이상 먹었던 밀가루 음식을 2~3회로 줄일 수 있었습니다.

사실 저는 외식을 많이 하는 편이기 때문에 그때그때 기분에 따라 메뉴를 골랐지, 일주일에 뭘 몇 회 먹는지 크게 신경쓰지 않았습니다. 그러다 식습관을 바꾸겠다고 생각한 후부터는 수첩에 뭘 먹었는지 메모를 하기 시작했습니다. 처음에는 습관이 안 되어 며칠 치를 한꺼번에 기억해서 적느라 애를 먹기도 했습니다. 가계부 앱에서 결재 전표의 가게 이름을 보고 메뉴를 확인하기도 했습니다. 그런데 이제는 습관이 되어 하루를 끝내는 저녁이면 수첩에 식사 메뉴를 적는 것을 잊지 않고 있습니다.

식습관 개선을 위해 내가 먹은 음식을 메모하는 습관은 매우 중요합니다. 다이어트 업체에 가서 살을 빼고 온 지인의 얘기를 들어보면, 매일 뭘 얼마나 먹는지 물어본다고 합니다. 거기에 대답해야 하니 신경이 쓰여 덜 먹게 되고, 뭘 먹었는지 말하고 혼나지 않기 위해 먹는 걸 줄이다 보니 살이 빠지게 된다고 합니다. 식사 메뉴를 메모하다 보면 타인의 도움 없이도 스스로 먹는 걸 조절할 수 있게 됩니다. 서울대학교 김선신 교수는 건강을 지키기 위해 자신만의 '건강 노트'를 쓰라고 권합니다. 매일 먹은 것에 더해 체중과 그날의 운동량, 컨디션까지 적어 놓으면 나중에 몸에 이상이 왔을 때 의사들이 참고할 수 있는 좋은 자료가 된다고 했습니다. 그래서 저도 메뉴를 적는 김에 건강 노트를 쓰기 시작했습니다.

탄수화물 중독에서 벗어나기 위해 두 번째로 한 일은 밥 양을 반으로 줄인 것입니다. 어떻게 갑자기 반으로 줄일 수 있을까 하겠지만, 저는 원래 반찬을 적게 먹고 밥을 많이 먹던 편이라 크게 어렵지 않았습니다. 제가 쓴 방법은 본격적인 식사를 시작하기 전에 식이섬유가 풍부한 오이, 샐러리, 파프리카 같은 채소 스틱을 먹는 것이었습니다. 이것은 밥과 반찬을 둘 다 많이 먹는 사람에게도 효과적인 조절법입니다. 그리고 백미로만 밥을 짓던 것도 현미와 잡곡을 넣어서 '통곡물밥'으로 바꾸었습니다. 밀가루와 마찬가지로 정제 탄수화물로 분류되는 백미는 도정 과정을 거치면서 중요한 영양소가 파괴되고 소화가 잘 되는 당류만 남게 됩니다. 정제 탄수화물은 소화가 잘 되는 이점이 있지만 당류가 빠르게 흡수되면서 혈당 수치를 급격하게 상승시키고 혈당을 낮추기 위해 인슐린이 필요 이상으로 분비되는 문제를 발생시킵니다. 과도한 인슐린은 우리 몸을 저혈당 상태로 만들어 다시 탄수화물을 찾는 악순환을 만듭니다. 백미나 밀가루를 '나쁜 탄수화물'로, 통곡물을 '좋은 탄수화물'로 부르는 이유도 이때문입니다. 통곡물이나 채소에는 단당류로 분해되지 않는 식이 섬유가 풍부합니다. 식이 섬유는 사람의 소화 효소로는 소화되지 않고 몸 밖으로 배출되는 고분자 물질입니다. 식이 섬유는 당으로 분해되지 않기 때문에 식후 혈당 상승을 억제하고 콜레스테롤 수치를 낮춰주는 역할을 합니다. 통곡물밥으로 바꾼 것도 이유가 되겠지만 예전보다 밥을 반만 먹는데도 전혀 배가 고프지 않은 걸 보면, 그동안 제가 필요한 양의 두 배나 되는 밥을 먹었다는 말이 됩니다.

2017년 노벨경제학상을 받은 행동경제학자 리차드 탈러 교수는 사람들이 이같은 행동을 하는 이유를 다음과 같이 분석하고 있습니다.

몇 년 전 브라이언 원싱크 교수와 그의 동료들은 시카고의 어느 영화관에서 영화 관람객들에게 오래된 팝콘을 무료로 한 봉지씩 제공하는 실험을 수행했다. 5일 전 튀겨서 실제로 먹을 때는 버석거리도록 보관해둔 것이었다. 구체적으로 팝콘이 오래됐다고 알려주진 않았지만 관람객들은 그 팝콘을 마음에 들어 하지 않았다. (중략) 어쨌든, 관람객의 절반에게는 팝콘을 커다란 통으로 나눠주었고, 나머지 절반에게는 중간 크기의 통으로 나눠주었다. 큰 통을 받은 사람들은 중간 통을 받은 사람들에 비해 평균 53%나 팝콘을 더 먹은 것으로 밝혀졌다. 팝콘을 맛있다고 생각하지 않았는데도 말이다.

- 리차드 탈러 & 캐스 선스타인 저, 『넛지』, 리더스북, p.75

이 내용은 탈러 교수의 명저 『넛지』라는 책의 '무심한 선택: 살을 빼고 싶다면 작은 그릇에 먹어라'라는 글의 일부입니다. 사례에서처럼 저는 5일 전 튀겨 둔 팝콘을 큰 통에 받아 먹는 실험자처럼 습관적으로 밥을 먹고 있던 사람이었습니다. 만약 제가 기초 대사량이 줄어들기 시작한 10년 전부터 작은 그릇에 밥을 담아 먹었더라면, 콜레스테롤 수치가 높아지는 일은 없었을 것입니다.

분식 횟수를 줄이고, 통곡물로 밥을 짓고, 밥의 양을 반으로 줄이는 것과 함께 바꾸게 된 또 다른 식습관 중 하나는 단 음식을 멀리하는 것입니다. 저는 '초딩 입맛'이라 단 것을 무척 좋아하는데, 일단 당류를 줄여야겠다는 생각을 하고 케이크나 아이스크림 같은 것을 멀리했습니다. 카페에서도 달달한 음료 대신 탄산수나 생수를 찾았습니다. 사람들이 보통 스트레스를 받으면 단 것이 당긴다고 하는데, 저는 그동안 스트레스 때문이 아니라 앞서 인용한 '오래된 팝콘'의 사례처럼 눈앞에 보이니 아무 생각 없이 먹었던 케이스라 할 수 있습니다. 눈앞에 보이면 습관적으로 먹는다는 사실을 알게 된 후부터는 마트에 가면 몸에 좋다는 두유를 먼저 카트에 넣기 시작했습니다. 고기를 안 먹으면 그것을 대체할 단백질을 먹어주어야 하는데, 그동안 몸에 대해 얼마나 무심했던지 콩단백질이 입맛에 맞지 않는다는 핑계로 두유를 먹어본 지가 언제인지 모를 만큼 까마득했습니다. 그런데 오랜만에 먹어본 두유는 원래 이런 맛이었나 하는 생각이 들만큼 달짝지근해서 깜짝 놀랐습니다. 그래도 두유는 무조건 몸에 좋은 거라는 생각을 하면서 대량구매를 해두었는데, 우연히 유튜브를 보다가 두유의 성분을 알게 된 후 다시 한번 저의 무지를 탓했습니다.

우리나라에 시판되는 두유는 엄청나게 종류가 많습니다. 브랜드도 여러 가지지만, 브랜드마다 라인업도 정말 다양합니다. 대표적인 두유 브랜드인 '베지밀'을 예로 들어 살펴보겠습니다. 달콤한 맛이라고 되어있는 베지밀 B 190ml 한 팩에는 당류가 10g이 들어있고, 담백한 맛이라고 되어있는 베지밀 A에는 당류 6g이 들어있습니다. 담백한 맛이라고 해서 당류가 전혀 포함되지 않는 것은 아닙니다. 당류의 하루 영양 성분 기준치가 100g이니 베지밀 B는 말할 것도 없고 베지밀 A를 많이 마시면 꽤 많은 양의 당류를 섭취하게 됩니다. 당류가 첨가되지 않은 두유를 마시려면 무가당이라고 쓰여있는 것을 사든지 용기 겉면에 적힌 영양 정보를 확인하고 당류가 0g인 것을 구입해야 합니다. 이런 사실을 모르고 무가당이 아닌 두유를 많이 마시게 되면 단백질은 섭취할 수 있을지 몰라도 과도한 당 섭취가 문제가 됩니다.

소식을 하는 것에도 요령이 필요합니다. 무작정 적게 먹으면 영양이 부족해질 수 있고 몸에 좋은 것을 골라 먹는다고 해도 영양의 균형을 맞추기가 힘이 듭니다. 특히 단백질은 나이가 들수록 더욱 신경 써서 섭취해야 하는 영양소입니다. 단백질은 우리 몸이 면역 체계를 갖추는 데 있어서 중요할 뿐만 아니라 신체 여러 조직의 성장과 유지에도 중요하게 사용됩니다. 노화로 인해 약해지기 쉬운 뼈와 치아, 모발 등의 관리를 위해서도, 근육이 손실되는 것을 막기 위해서도 양질의 단백질 섭취는 무척 중요합니다.

모든 영양소에는 1일 권장 섭취량이 있습니다. 우리는 이것을 바탕으로 음식을 먹어야 합니다. 가공 식품의 경우에는 법적으로 영양 성분을 표시하도록 규정되어 있습니다. 여기에 더해 고기나 야채 같은 자연 식품이나 외식 메뉴의 성분도 인터넷을 통해 영양 성분을 확인하는 습관이 필요합니다. 영양 성분을 확인하는 습관을 가지면 칼로리나 당분, 염분 등을 스스로 제한하고 관리할 수 있습니다. 하지만 외식이나 배달 음식을 자주 이용하게 되면 영양의 균형을 맞추기가 쉽지 않습니다.

13. 내 몸을 아끼는 습관

저희 아버지는 50대 후반에 담배를 끊으셨지만, 젊은 시절
에는 극심한 골초셨습니다. 담배로 스트레스를 푸는 것이 담
배로 건강이 나빠지는 것을 상쇄하고도 남는다는 논리를 폈
던 담배 예찬론자셨습니다. KT&G에 다니셨던 아버지는 애
사심이 넘치셨던지(?) 전성기에는 하루 세 갑이나 담배를 피
우셨을 정도였습니다. 자신은 평생 감기도 걸린 적이 없다면
서 건강을 자신하셨지만, 노년기에 와서는 결국 폐에 문제가
생겼고 평균 수명 정도까지 밖에 살지 못하셨습니다. 그래서
아버지는 사위들에게는 꼭 담배를 끊으라는 유언을 남기셨
습니다. 그럼에도 한참 동안 담배를 끊지 못하던 저희 남편은
최근에야 금연에 성공했습니다.

우리가 운동하고 식이 조절 습관을 만드는 것도 중요하지만 그보다 우선하여 필요한 것은 '내 몸을 아끼는 습관'이 아닐까 합니다. 내 몸은 소중하니까 귀히 여겨야 하는데, 이를 위해 가장 먼저 해야 할 일은 담배를 끊고 술을 과도하게 마시지 않는 것입니다. 건강이 나빠지도록 술과 담배에 몸을 방치하는 것은 일차적으로 자신에게 가장 안 좋은 일이지만, 가족들에게도 걱정과 고통을 안겨주는 이기적인 행위입니다.

'담배는 끊는 것이 아니라 평생 참는 것'이라는 말이 있을 정도로 금연은 어렵다고 합니다. 미국보건복지부 자료에 따르면 자신의 의지로 금연에 성공하는 사람은 4% 정도밖에 되지 않는다고 합니다. 스스로 담배를 못 끊는다 해도 특별히 의지가 약한 것은 아니니 금연을 결심했다면 외부적인 도움을 받는 것이 좋습니다. 우리나라에서는 정부 차원에서 금연을 지원하고 있는데, 2015년 2월부터 보건소뿐만 아니라 금연치료기관으로 등록된 가까운 병·의원에서 금연 치료를 도와주고 있습니다. 금연 치료 프로그램에 등록하면 8~12주 동안 6회 이내로 의사의 금연 진료 및 상담을 받을 수 있습니다. 그리고 금연치료 의약품, 니코틴 보조제(패치, 껌, 사탕) 구입 비용도 지원됩니다. 3회 방문부터는 본인 부담금이 면제되는데, 최종 치료가 완료되면 1~2회차에 발생한 본인 부담금도 전액 환급되기 때문에 금연 치료는 거의 무료로 받을 수 있다고 생각하면 됩니다.

담배를 끊겠다고 결심한 지 10년이 넘는 동안 금연을 실천하지 못했던 저희 남편도 이 프로그램을 통해 담배를 끊는데 성공했습니다. 그동안 본인이 알아서 끊겠거니 하고 기다리고 있었는데, 좀 더 적극적으로 금연치료를 받게 했다면 더 빨리 끊을 수 있지 않았을까 하는 생각이 듭니다. 혹시 독자 여러분이나 지인 중에서도 금연을 생각하고 있는 사람이 있다면 다른 걸 시도해 보기에 앞서 금연클리닉 방문을 제1순위로 해볼 것을 추천합니다.

담배는 누구나 백해무익하다고 잘 알고 있지만, 술은 그렇지 않다고 생각하는 사람들이 많습니다. 하지만 과도한 음주는 흡연보다 더 나쁜 결과를 초래하기도 합니다. 특히 술을 마시고 필름이 끊기는 현상, 블랙아웃이 반복되는 사람은 알코올성 치매의 위험이 큽니다. 알코올성 치매는 과도한 음주로 발생하는 치매입니다. 치매 중에서는 노화에 따른 신경계의 퇴행성 변화 때문에 생기는 '알츠하이머'가 흔하지만, 최근에는 과다한 술 섭취로 인한 알코올성 치매 환자가 늘어나고 있다고 합니다. 알코올은 혈관을 통해서 우리 몸에 흡수되는데, 술을 많이 마시면 혈액 속의 알코올이 뇌세포에 손상을 입히고, 이러한 문제가 반복되면 뇌에 영구적인 손상이 발생하여 회복이 불가능해지게 됩니다.

술을 좋아해서 스스로 마시는 사람도 있지만, 사회생활을 하다보면 어쩔 수 없이 마시는 사람도 있습니다. 서울대 병원의 김선신 교수는 제 팟캐스트에서 65세 이하의 남자는 일주일에 14잔 이하, 여자와 65세가 넘은 남자는 7잔 이하(술의 종류와 관계없이)를 마실 것을 권고했습니다. 하지만 이것은 술을 끊을 수 없는 처지에 있는 사람들이 지켜야 할 마지노선을 말하는 것입니다. 근본적으로는 금주를 목표로 삼아야 한다고 조언했습니다.

몇 년 전 일본의 관광지인 오키나와를 여행한 적이 있습니다. 저는 원래 여행 가서 맛집을 찾아다니기보다는 주로 호텔 근처에 있는 식당을 이용하는 편인데, 제가 묵었던 호텔 근처에는 햄버거와 스테이크를 파는 곳이 많았습니다. 오키나와에 이런 음식점들이 많은 이유는 그곳의 역사와 관련이 있습니다. 오키나와는 1945년부터 1972년까지 미국의 통치를 받았고, 지금도 2만여 명의 미군이 오키나와에 주둔하고 있습니다. 이러한 사정은 현지인의 식생활에도 큰 변화를 가져왔다고 합니다. 과거 오키나와는 일본의 대표적인 장수 현으로 유명했습니다. 1985년 일본 후생노동성의 평균 수명 통계에서 전국 47개 도·도·부·현 중에서 남녀 압도적인 1위를 기록했습니다. 그랬던 오키나와가 2015년에는 여성의 평균 수명이 전국에서 7위, 남성은 36위까지로 떨어졌습니다. 남성은 30년 만에 평균 수명이 1위에서 최하위권으로까지 떨어졌습니다. 그 이유로 거론된 것이 패스트푸드와 가공식품의 유행, 미국식 고지방 식습관 등입니다. 2012년 기준, 세대당 햄버거 외식 비용은 오키나와가 전국 1위로 일본 전체 평균의 1.5배에 달했다고 합니다.

오키나와의 사례는 패스트푸드와 가공 식품이 장수를 막는 주범이라는 것을 보여주지만, 이것을 외식이나 배달 음식으로 확대해도 무방합니다. 아무래도 이런 음식들은 집에서 만드는 음식보다는 자극적으로 조리될 수밖에 없기 때문입니다. KBS의 《생로병사의 비밀》에 따르면 2015년과 2018년 이렇게 두 해를 놓고 유명 프랜차이즈 업체가 만들고 있는 양념치킨의 영양 성분을 비교했을 때 당류는 38.7%, 나트륨은 28.1%가 증가한 것으로 나타났습니다. 원래도 달고 짠 치킨이 점점 더 '단짠단짠'으로 가고 있다는 건데, 단 3년의 변화가 이 정도라는 것이 충격적입니다. 이처럼 외식업체의 간은 점점 더 세지고 우리의 입맛은 그것을 따라가고 있습니다.

설탕과 소금을 많이 넣어 점점 더 달고 짠 외식과 배달 음식 대신 우리가 선택해야 할 것은 집밥입니다. 그래서 남녀노소를 불문하고 요리를 배워야 하는 시대입니다. 저는 집밥 먹는 일이 이벤트였을 정도로 그동안은 집에서 거의 요리를 하지 않았습니다. 집밥을 해 먹기 위해 식재료를 사는 비용과 요리와 설거지를 하는 인건비를 더하면 외식이 훨씬 싸게 먹힌다는 논리로 외식을 선호했습니다. 하지만 외식은 '건강한 밥'이 아니라는 것을 고려하지 않은 논리 오류였다는 것을 깨닫고는 얼마전부터 집에서 요리를 하기 시작했습니다. 그런데 오랜만에 요리를 다시 시작하니 신세계가 따로 없었습니다. 예전에는 요리책을 보거나 인터넷을 찾아보면서 요리를 했는데, 시행착오가 많다 보니 요리에 흥미가 생기지 않았습니다. 그런데 지금은 유튜브를 보면서 따라 하니 제가 갑자기 요리 천재가 된 듯 신기하기까지도 합니다.

요리에 이제야 흥미를 갖게 된 저와는 달리 친구인 H는 30년 가까이 요리를 해왔기 때문에 이제는 그만하고 싶다고 합니다. H의 남편은 내년에 퇴직할 예정인데, 퇴직하면서 가사를 맡아주기로 했습니다. 특히 요리를 남편이 해주기로 했는데, H의 남편은 원래 요리하는 걸 좋아하기도 하고 해외 지사 생활을 했던 터라 퇴직을 하면 본격적으로 요리를 배워보겠다고 했다고 합니다.

남녀노소 누구라도 쉽게 요리를 배울 수 있는 환경이 갖추어진 지금은 집밥 해먹는 일이 예전보다 훨씬 수월해졌습니다. 짜지 않고 달지 않게 집에서 요리해 먹는 끼니가 많아질수록 우리의 건강 수명은 늘어날 것입니다. 그래서 저는 운동 습관만큼 요리하는 습관도 중요하다고 생각합니다. 앞서 운동하는 습관으로 '근육연금'를 만들 수 있다고 했는데, 요리하는 습관을 기르면 '집밥연금'이 두둑해집니다.

집밥연금을 부지런히 부으면서 우리가 해야 할 또 다른 일이 있습니다. 바로 우리 몸에 더욱 관심을 두는 일입니다. 환갑잔치가 이벤트였던 예전에는 몸을 60년 전후로만 쓰면 됐지만, 지금은 거기서 30~40년을 더 써야 하는 시대가 되었습니다. 그래서 신체의 모든 기관을 아껴서 써야 합니다. 관절, 허리, 눈, 귀, 치아 등 우리가 노후에 지켜야 할 것이 너무 많아졌습니다.

지금은 퇴직하신 선배가 취미로 마라톤을 즐겼는데, 달리기를 너무 좋아하다 보니 50대 때부터 무릎 관절이 나빠져서 인공 관절 수술을 해야 하는지 고민했습니다. 마라톤은 그저 달리는 운동이라서 넘어지지만 않으면 부상 위험이 없는 줄 알았는데, 마라토너에게는 '러너스 니(Runner's Knee)'라는 부상이 꽤 많다고 합니다. 테니스를 즐기던 선배도 비슷한 고민을 했는데, 이 선배 역시 '테니스 엘보(Tennis Elbow)'가 아닌 러너스 니로 고생을 하고 있었습니다. 러너스 니는 무릎 주변에 통증을 유발하는 여러 상태를 설명하는 일반적인 용어로 마라토너뿐만 아니라 걷기, 스키, 자전거, 테니스, 축구, 농구 등 무릎을 반복적으로 사용하는 모든 활동에서 유발됩니다. 선배들 사례에서 보듯 운동이 건강에 도움이 되기 위해서는 몸을 아껴가며 조심히 사용해야 합니다. 전문가들은 계단 오르기를 할 때에도 관절 건강을 위해서 내려올 때는 엘리베이터를 이용하는 것이 좋다고 권하고 있습니다.

우리 몸이 천 냥이면 눈이 구백 냥이라고 하는데, 눈도 우리가 정말 아껴서 써야 하는 신체 기관입니다. 하지만 눈은 우리 신체 기관 가운데 가장 먼저 노화가 오는 것으로 알려져 있습니다. 많은 사람들이 40대부터 노안을 경험하게 되는데, 나이에 따른 자연스런 노안 외에도 컴퓨터나 스마트폰의 블루라이트에 오래 노출되어 입는 피해 사례도 많습니다. 이는 눈이 피로한 것으로 끝나는 게 아니라 심하면 망막이나 수정체에 손상을 일으키기도 합니다. 이를 예방하기 위해서는 블루라이트를 차단하려는 노력도 필요하지만 정기적인 안과 검진이 필수적입니다. 저는 눈 건강에 예민해 20년 전부터 매년 안과 검진을 챙겨 받고 있습니다.

이렇게 눈 건강을 열심히 챙기고 있는데도 불구하고 작년에 검진을 갔을 때 백내장이 진행되기 시작했다는 진단을 받고 깜짝 놀랐습니다. 백내장은 수정체의 혼탁으로 사물이 뿌옇게 보이게 되는 현상으로 원인은 여러 가지가 있지만, 노화가 주된 이유입니다. 일반적으로 60세 이상이 되면 전체 인구의 70%, 70세 이상이 되면 90%가 백내장 증상을 경험

합니다. 그래서 노인성 백내장은 질환으로 보지 않고 노화의 일부로 보기도 합니다. 지난 몇 년간 한국인이 가장 많이 받은 수술이 백내장이라고 할 만큼 고령화가 진행되면서 많은 사람들에게 찾아오는 것이 백내장입니다. 노인성 백내장을 예방하기 위해서는 선글라스를 쓰는 것이 중요합니다. 그래서 저는 흐린 날에도 외출 시 반드시 선글라스를 착용하고 있습니다. 자외선은 날씨와 상관없이 항상 존재하기 때문입니다.

100세 시대가 되니 백내장처럼 누구에게나 올 수 있는 노인성 질환이 많아졌습니다. 우리가 할 수 있는 일은 최대한 노화가 늦어지도록 우리의 기관들을 아끼는 것입니다. 다음 장에서는 눈만큼이나 우리가 특별히 신경 써야 할 신체 기관을 하나 더 살펴보도록 하겠습니다.

14. 주기적으로 치아 검진을 받는 습관

지구 상에 존재하는 질병의 종류는 몇 개나 될까요? 국제질병분류표에 공식적으로 등재된 질병은 12,420개나 된다고 합니다. 그렇게 많은 질병 중에 가장 흔한 질병은 무엇일까요? 건강보험심사평가원의 '2020 다빈도 질병 통계'에 따르면 치은염 및 치주 질환이 감기보다 더 많은 사람들이 병원을 찾는 질병으로 집계되었습니다. 감기는 걸려도 금방 낫지만, 잇몸 질환은 통상 병을 키운(?) 다음 병원에 가기 때문에 금방 치료가 되지 않아 이런 결과가 나타난 것 같습니다.

아마 독자 여러분 중에서도 만성적으로 잇몸이 아프지만 치과에 가기 싫어서 방치하는 분들이 있을 것입니다. 치과 의료 기구가 내는 소리를 듣기만 해도 소름이 돋고, 잇몸에 마취 주사를 맞을 때의 얼얼함은 생각하기도 싫은 기억입니다. 신경 치료를 받을 때의 아픔은 태어나서 겪은 고통 중 가장 큰 것이기도 합니다. 게다가 병보다 더 무서운 것이 비싼 치료비입니다. 그래서 당장 죽을 것같이 아프지만 않다면 미룰 수 있을 만큼 미루다가 가게 되는 것이 치과입니다. 그런데 일본에서 실시된 재미있는 조사가 하나 있어 가져와 봤습니다. 일본의 경제주간지 〈프레지던트〉가 2017년에 55~74세 은퇴 남녀 1,000명에게 '퇴직하고 나서 가장 후회되는 일이 무엇인지'에 대해 설문 조사한 내용입니다. 분야별로 조사가 이루어졌는데, 건강 분야에서 가장 후회하고 있는 10가지는 다음과 같았습니다.

1위 정기적으로 치아 검진을 받을 걸

2위 운동으로 체력을 길러 둘 걸

3위 평소에 많이 걸을 걸

4위 폭음·폭식하지 말걸

5위 간식을 자제할 걸

6위 두발 관리 좀 해 둘 걸

7위 담배를 끊을 걸

8위 나만의 스트레스 해소법을 찾아 둘 걸

9위 사소한 것에 연연하지 말고 많이 웃을 걸

10위 규칙적인 생활을 할 걸

- 김웅철 저,『연금밖에 없다던 김부장은 어떻게 노후걱정이없어졌을
  까』,부키, p.19

모든 항목에서 다 고개가 끄덕여지지만, 일본의 은퇴 세대들이 건강 분야에서 가장 후회하는 일 1위로 꼽은 것이 '정기적으로 치아 검진을 받지 않은 일'이라는 사실은 다소 의외입니다.

설문 결과가 보여주는 것처럼 치아 건강은 우리가 생각하는 것보다 훨씬 중요합니다. 치아가 건강해야 섭생을 잘할 수 있고, 이것은 모든 건강의 기본이 됩니다. 의사들은 치주 질환을 단순히 구강 건강에 국한된 문제로 보지 않습니다. 실제 잇몸병이 있는 사람은 건강한 사람보다 심혈관 질환에 걸릴 위험이 25% 높고, 25~49세 남성의 경우 70%까지 높아질 수 있다는 학계 보고도 있습니다. 또 치아 건강을 미리 챙기지 않으면 아무리 돈을 많이 들여도 자연 치아로 누릴 수 있는 '씹고 뜯고 맛보고 즐기는' 기쁨을 잃어버리게 되고, 그러면 삶의 질이 떨어지는 것은 두말할 필요도 없어집니다. 게다가 은퇴 후 치과 치료비가 많이 들어간다면 가정 경제에도 큰 타격을 줄 수 있습니다.

치아 검진하면 가장 먼저 떠올리게 되는 것이 스케일링입

니다. 이것은 치아의 표면에 붙은 치석 등을 물리적으로 제거해 치주질환을 예방하는 치료입니다. 스케일링은 2013년 7월부터 건강보험이 적용되기 시작했습니다. 그 이전에는 비용 부담 때문에 받지 못하는 사람들이 많았지만, 지금은 전체 비용의 30%에 해당하는 금액(15,000원~20,000원)만 지불하면 됩니다. 만 19세부터 연 1회 건강보험 적용이 가능하므로 이제는 비용이 부담되어 스케일링을 받지 못할 일은 없어졌습니다. 치아 건강에 조금만 관심을 두어도 누구나 받을 수 있는 예방 치료인 스케일링, 국가에서 이렇게까지 신경을 써주는데 치과에 안 갈 이유가 없습니다.

제 팟캐스트에 출연했던 단국대 치과대학 박정철 교수는 스케일링에 건강보험이 적용되는 것이 국민 치아 건강에 얼마나 좋은지 알려 주었습니다. 스케일링을 받는 것은 치아에 있는 세균을 제거하는 것이니 그 자체로도 의미가 있지만 그로 인해 주기적으로 치과에 오기 때문에 충치를 적시에 치료할 수 있다고 합니다. 그러면서 치석이 잘 생기거나 치아건강에 좀 더 관심이 있는 사람이라면 자비를 더 들여 1년에 두 번 정도 스케일링을 받으면 좋다고 조언했습니다. 저는 그전까지 스케일링은 1년에 한 번이면 충분하다고 생각했는데, 이 얘기를 듣고 얼마 전 8개월 만에 치과를 다시 찾았습니다. 그런데 뜻밖에 이전에 처치 받은 치아의 레진이 떨어져 충치가 진행되고 있다는 진단을 받았습니다. 전혀 통증이 없어서 모르고 있다가 스케일링을 받으러 갔다가 충치를 조기에 발견한 것입니다. 그래서인지 통증이 생긴 후 치과를 찾았을 때보다 훨씬 아프지 않게 치료를 받을 수 있었습니다.

그리고 여담이지만 덜 아프다고 느끼게 된 게, 이번에 새로 찾아낸 팁을 제대로 써먹었기 때문인지도 모르겠습니다. 그 팁은 블루투스 이어폰 한 쪽을 귀에 꽂고 라디오나 음악을 들으면서 치료를 받는 것입니다. 이 방법을 썼더니 기계 소리로부터 비롯되는 공포심이 훨씬 줄어들었습니다. 평소에 블루투스 이어폰을 쓰시는 독자라면 한번 적용해볼 것을 추천드립니다.

치과 진료 중 가장 아픈 것은 아마 신경치료를 받아야 하는 경우가 아닐까 싶습니다. 신경치료는 너무나 아프지만 가능한 한 기존의 치아를 오래 보존하고 사용하기 위해서는 반드시 거쳐야 할 과정입니다. 신경치료 중 일부는 건강보험 혜택을 받을 수 있는 급여 진료입니다. 진료가 급여인지 비급여인지 알아야 하는 이유는 급여일 경우 실비보험이 적용될 수 있기 때문입니다. 치과 치료는 실비보험이 전혀 안 된다고 알고 있는 것이 일반적인데, 만약 2009년 10월 이후에 나온 표준화된 실비보험에 가입되어 있다면 치과 치료도 실비보험으로 일정액(통원 시 1일 최대 한도액)을 돌려받을 수 있습니다. 스케일링도 건강보험 급여 진료라 실비보험 청구가 가능합니다. 예를 들어 스케일링하는데 자기 부담금 2만 원을 냈다면, 의원급 공제금액 1만 원을 빼고 1만 원을 돌려받을 수 있습니다.

이렇게 자연 치아를 오래 쓰기 위해 치아 관리를 열심히 한다 해도 나이가 들면 잇몸이 약해져 틀니나 임플란트를 해야 하는 일이 생깁니다. 보철 치료야말로 비용 부담이 상당한 데, 우리나라 건강보험은 노인의 틀니나 임플란트 비용을 일정 부분 지원해주고 있습니다. 만 65세 이상 고령층이 이런 시술을 받게 되면 30%의 비용만 내면 됩니다. 단, 임플란트는 평생에 걸쳐 두 개까지만 건강보험이 적용되기 때문에 세 개부터는 전액 본인 부담으로 바뀝니다. 임플란트는 예전보다 시술 비용이 많이 저렴해졌지만, 그래도 한 개에 100만 원을 훌쩍 넘어가다 보니 임플란트 시술을 여러번 받은 사람들은 '입속에 중형차 한 대가 들어가 있다'는 표현을 쓰기도 합니다.

세계 1위 임플란트 대국인 우리나라에서는 임플란트 식립(植立)이 아주 보편화된 치료법입니다. 앞서 알려 드린 대로 건강보험으로 커버되는 틀니나 임플란트(두 개까지) 치료에 들어가는 본인 부담금은 실비보험으로 돌려받을 수 있지만 건강보험 혜택을 받을 수 없는 임플란트(만 65세 이전에 식립하거나 65세 이후 세 개째부터)에는 실비보험이 적용되지 않습니다. 다만, 치조골 이식술이 동반되었다면 예전에 가입한 보험 가운데 1~3종 수술비 특약으로 치료비를 돌려받을 수 있습니다. 그러나 이것은 2008년 이전 보험 가입자에게만 해당하는 내용이다 보니 치과 치료비를 걱정하는 사람들은 치아보험에 따로 가입해야 하는지 고민을 하기도 하는데, 저는 추천하고 싶지 않는 방법입니다. 왜냐하면 실비보험은 100세까지 보장되는 게 일반적이지만 치아보험은 보장기간이 훨씬 짧고 그마저도 대부분 갱신형이기 때문입니다. 그래서 굳이 치아보험을 가입한다면 반드시 보장 기간이 몇 살까지인지 몇 년 갱신인지를 확인하고 가입해야 합니다. 현재 시중에 판매되고 있는 치아보험은 최대 만기가 80세로 짧을 뿐만 아니라 보철 치료의 면책기간(보험사에서 보험금을 지급하지 않는 기간)이 2년 정도라 보험료만 내고 보장은 못 받는 경우가 비일비재합니다. 그래서 저는 퇴직 이후 치과 치료 비용을 준비한다면 보험보다는 저축이나 펀드를 이용한 치과 치료비 통장을 따로 만들어 둘 것을 추천합니다. (의료비를 보험이 아닌 저축으로 준비하는 사람이라면 치과 치료비 통장과 통합해서 적립해도 좋습니다.)

일본에서는 노인들이 80세까지 20개의 치아를 유지할 수 있도록 '8020 프로젝트'를 역점에 두고 있습니다. 남은 치아

개수를 보면 기대 수명을 미리 알 수 있을 정도라고 하니 치아가 얼마나 건강과 밀접한지 짐작케 하는 대목입니다. 치아 건강을 위해서는 미리미리 관리하는 습관이 가장 중요합니다. 무병장수를 위해 운동이 필수라는 것은 알지만 그것을 실천하는 사람이 적은 것처럼 건강한 치아를 유지하려면 치과에 자주 가야 한다는 것도 알지만 실천하기가 어렵습니다. 이제부터라도 연 1회 스케일링은 꼭 받고 잇몸이 아프면 미루지 말고 바로 치과에 가는 것, 이것만 지켜도 건강한 노후를 보낼 수 있는 필요조건을 갖추게 됩니다.

15. 취미를 만드는 습관

우리가 자주 사용하는 중산층이라는 용어는 해석이 여러 가지로 달라질 수 있는 말입니다. OECD 기준 중산층은 그 나라의 중위소득(총가구 중 소득순으로 순위를 매긴 다음 정확히 가운데를 차지한 가구의 소득)을 기준으로 75~200% 사이의 수입을 거두는 가구를 말합니다. 통계청이 발표한 2021년 기준 중위소득은 4인 가족 기준으로 월 488만 원 정도이니, 4인 가족이 중산층이 되기 위해서는 월 366~976만 원의 소득이 있어야 한다는 의미입니다. 하지만 이것은 소득활동을 하는 사람들을 기준으로 한 것이니 소득보다 자산이 많은 은퇴 세대에게는 일괄적으로 적용하기가 어렵습니다. 그래서 제 팟캐스트에 출연했던 밸런스자산연구소 김진영 소장은 '은퇴중산층'

이라는 개념을 새롭게 만들었습니다.

은퇴중산층은 주거의 안정성과 함께 남의 도움 없이도 은퇴 생활비를 커버할 수 있을 정도의 자산이 있는 가구를 말합니다. 즉, '은퇴자산의 수명'이 적어도 '평균 수명'은 넘을 수 있는 가구라는 뜻입니다. 여기서 은퇴자산이란 자녀 교육비로 쓰거나 증여, 상속하려고 계획한 자산을 빼고 순수하게 자신의 노후를 위해서 쓸 수 있는 자산을 말합니다. 그런데 저는 여기에 '돈이 얼마나 있는가'하는 경제적 측면 외에 정성적 측면도 추가되어야 한다고 생각합니다. 예를 들어 프랑스에서는 중산층을 정의할 때 외국어 하나쯤은 할 수 있고, 직접 즐기는 스포츠나 직접 다룰 줄 아는 악기 하나는 있어야 한다고 합니다. 이런 정성적인 것까지 적용해서 은퇴중산층이라고 한다면, 안정적인 소득을 바탕으로 노후의 삶을 즐길 수 있는 취미 하나 정도는 가지고 있어야 합니다.

음악 전문 PD로 KBS에 입사한 저는 클래식 FM에서 가장 오랫동안 일을 했는데, 여기서 프로그램을 제작하는 동안 가장 고민했던 것은 '어떻게 하면 우리나라에 클래식을 대중화할 수 있을까?'하는 것이었습니다. 그래서 클래식을 더욱 많은 사람들이 가까이할 수 있도록 돕는 것이 저의 소명이라 생각하고 일을 했습니다. 현재는 시사교양채널인 KBS 1라디오에서 일하고 있지만, 제가 맡고 있는 주말 프로그램《라디오 매거진 위크앤드》에서 '강PD의 3분 클래식'이라는 작은 코너를 만들어 이 소명을 이어가고 있습니다. 매주 일요일 8시 35분경에 방송되는 이 코너는 제가 직접 짧은 소개 멘트를 녹음해 3분 정도 길이의 클래식 소품을 소개하는 구성입니다. 두 시간의 프로그램에서 잠깐 쉬어가는 브릿지 성격이지만, 이 코너를 듣고 클래식에 관심이 생겼다는 피드백을 받을 때면 기쁘기가 그지없습니다.

클래식 음악은 어느 나이에도 좋지만, 은퇴 세대의 취미로는 더없이 좋다는 생각입니다. 예전에는 주로 음반을 구입해야 들을 수 있던 음악을 지금은 스트리밍으로 들을 수 있으니 비용적인 부담도 없어졌고, 유튜브를 통해서도 다양한 연주회 영상을 볼 수 있어 듣기만 하는 음악에서 보면서 들을 수 있는 음악으로 진화하고 있습니다. 좋아하는 음악을 듣고 있으면 정서적으로 힐링되는 느낌은 누구나 알고있지만 클래식 음악의 어쿠스틱한 음향은 다른 장르의 음악에 비해 몇 배의 힐링을 가져다줍니다. 또 클래식은 평생을 들어도 다 못 들을 만큼 무궁무진한 소스가 있기 때문에 노년의 시간을 더욱 풍성하게 채워줄 수 있습니다.

저는 유럽 여행을 할 때면 연주회 관람 스케줄을 넣어서 여행 계획을 짜는 편인데, 몇 년 전 독일 드레스덴에서 '라보엠'을 봤을 때의 기억이 아직도 인상 깊게 남아 있습니다. 관객 중에는 고령층이 많았는데 곱게 늙은 할머니들이 우아하게 옷을 차려입고 오페라를 관람하고 있었습니다. 유럽 지방 도시에서의 공연은 애호가들의 기부금을 재원으로 하는 경우가 많은데 아마 그런 기부자들이 아닐까 하는 생각을 했습니다. 라보엠은 여주인공 미미가 죽는 것으로 끝이 나는데, 이 비극적인 결말의 오페라를 보고 손수건으로 눈물을 닦는 할머니 관객들이 많았습니다. 라보엠은 저도 좋아하는 오페라여서 이전에도 여러 번 봤다 보니 이제는 눈물이 나거나 하지는 않는데, 드레스덴의 할머니들은 저보다 몇 번은 더 관람했을 오페라일 텐데 감동의 눈물을 흘리는 걸 보면서 나이가 들어서도 저런 감성을 유지한다는 것이 신기하게 느껴졌습니다. 그리고 클래식 공연을 수시로 볼 수 있는 환경도 너무 부러웠습니다.

제가 음악을 좋아하니 클래식 음악감상을 취미로 추천하고 있지만, 우리가 만들 수 있는 취미는 엄청나게 다양합니다. 그중에서도 레저나 스포츠는 노후에 건강까지 챙길 수 있어 1석 2조의 효과를 올릴 수 있는 취미입니다. 굳이 골프 같은 돈이 좀 필요한 취미가 아니더라도 건강을 챙기기 좋은 운동은 얼마든지 있습니다. 저희 아버지는 바둑을 아주 좋아하셨습니다. 바둑은 같은 자세로 오래 앉아 있어야 하기 때문에 건강에 좋다고 말하긴 어렵지만, 아버지는 바둑 외에 자전거를 추가로 즐기면서 취미의 균형점을 맞추셨습니다. 저희 아버지처럼 노후의 취미로 뇌를 쓰는 것과 몸을 쓰는 것을 병행한다면 가장 이상적이지 않을까 생각합니다. 프랑스인들이 외국어와 악기, 스포츠를 하나씩은 할 수 있어야 중산층이라고 간주하는 것도 이런 맥락이 아닐까 싶습니다.

노후에 즐기기 좋은 취미를 가지기 위해서는 끈기가 필요합니다. 외국어를 익히거나 스포츠나 악기를 배우는 것만 해도 몇 달 반짝한다고 해서 되는 것이 아니기 때문에 은퇴 전부터 시간을 투자해야 합니다. 이렇게 시간을 들여 취미를 만들어 가다 보면 은퇴 이후를 함께 할 새로운 친구를 만날 수 있고 퇴직 이후 어떤 일을 제2의 직업으로 삼을지 감이 오기도 합니다.

한 선배 PD는 자전거를 아주 열심히 타는데 외국에서 열리는 대회에도 참가할 정도로 라이딩을 즐겼습니다. 아마추어지만 장거리를 많이 타다 보니 직접 자전거를 고쳐서 탈 일이 생기면서 자전거 정비를 전문적으로 배웠다고 합니다. 그런데 이것이 재미있고 적성에 맞아 그 선배는 퇴직 후 서울 근교에 자전거 정비를 겸하는 카페를 낼 생각을 하고 있습니다. 또 다른 선배는 취미로 목공을 배웠는데 손재주가 좋아서 전문 목수처럼 물건을 잘 만든다고 합니다. 그래서 지인들이 만들어 달라는 물건을 재료값만 받고 만들어주고 있다가 목공을 배울 때 만났던 사람들과 함께 아예 공방을 냈습니다. 현재도 돈을 받고 목공 레슨을 할 정도로 베테랑입니다. 목공은 머리와 몸을 같이 쓰는 일일뿐만 아니라 고도의 집중력을 필요로 하는 일이라서 퇴직 후 취미로 아주 좋다고 생각합니다.

무언가에 완벽히 몰입할 때 행복감을 느끼는 경험은 누구나 해본적이 있습니다. 저에게 이런 행복감을 가져다준 것은 음악과 관련된 활동입니다. 하지만 대부분의 음악 활동은 아파트에서 즐기기에는 한계가 있습니다. 그래서 저는 2016년 KBS 사원 합창단을 만들어서 활동하기 시작했습니다. 물론 외부에 있는 합창단에 가입해 활동할 수도 있지만, 회사 내에서 합창단 활동을 하면 타 부서 직원들과도 친해질 수 있고, 별도의 시간을 내서 다른 장소로 가야 할 필요도 없기 때문에 'KBS 온소리합창단'을 창단하고 멤버로 열심히 활동하고 있습니다. 40명 정도의 단원들과 일주일에 한 번 점심시간을 이용해 연습하고, 제1회 정기연주회도 성황리에 마쳤습니다. 2020년 두 번째 공연을 기획하고 있는데, 아쉽게도 코로나 사태가 터지는 바람에 공연을 무대에 올릴 수 없게 되었습니다. 아직까지도 코로나 때문에 연습이 중단된 상태지만, 여전히 독서 등의 소모임으로 단원들과의 교류를 계속해서 이어나가고 있습니다. 코로나가 잠잠해지면 저는 다시 합창을 열심히 할 생각입니다. 합창은 복식 호흡이 기본이라 건강에도 좋고 여러 사람이 만들어 내는 화음을 듣고 있으면 큰 힐링이 됩니다. 그리고 단원들과의 유대감도 크기 때문에 정서적으로도 매우 좋습니다.

저는 스포츠도 취미로 만들고 싶어 여러 번 시도를 해봤는데, 매번 끈기 부족으로 실패했습니다. 테니스, 볼링, 수영, 승마, 골프 등 도전 종목은 많았지만 지금까지도 계속 이어서 하는 것은 없습니다. 저 같은 사람을 '호모 자펜스(Homo Zappens)'라고 합니다. 리모컨으로 이리저리 채널을 바꾸듯 한곳에 집중하지 못하고 수시로 관심을 옮겨 다니는 사람을 가리키는 말입니다. 아마 독자 여러분 중에서도 이것저것 탐색만 하다 아직까지 제대로 된 취미를 만들지 못하고 어려움을 겪는 분들이 꽤 있을 겁니다. 새로운 것을 학습하는 것 자체가 우리의 뇌를 활성화하는 것이기 때문에 취미가 될 정도가 아니더라도 이것저것 배워보는 것은 추천하는 일입니다.

특별히 배우지 않고도 누구나 할 수 있는 등산이나 독서도 좋습니다. 등산은 맑은 공기를 마시며 자연을 즐길 수 있고, 운동 효과도 크기 때문에 은퇴 후 취미로 제격입니다. 더군다나 우리나라는 어딜가나 산이 있기 때문에 등산을 취미로 하기에는 너무나도 좋은 조건입니다. 동네 뒷산에서부터 시작해서 매번 새로운 산을 등정한다고 해도 은퇴 후 죽을 때까지 우리나라에 있는 산을 다 오르지 못할 정도입니다. 등산의 장점은 열거하기도 힘들 정도지만 유산소 운동인 동시에 근력 운동이기 때문에 심폐지구력을 향상시키고 원활한 혈액 순환을 도와줍니다. 그리고 근력이 길러지면서 뼈 건강까지도 함께 증진됩니다.

등산과 더없이 좋은 짝을 이룰 수 있는 취미는 독서입니다. 아마 이 책을 읽는 독자 중에는 어렸을 때부터 활자 매체에 익숙한 분들이 많을 것 같습니다. 놀 거리가 많지 않았던 예전에는 책 읽는 것이 큰 즐거움이었습니다. 요즘은 각종 엔터테인먼트 수단이 많아지다보니 우리 생활에서 책이 점점 멀어지고 있습니다만, 독서는 여전히 우리가 즐길 수 있는 취미 중 하나입니다. 음악만큼이나 책을 좋아했던 저 역시 인터넷과 스마트폰의 영향으로 독서량이 갈수록 줄어들고 있습니다. 그런데 이 책을 쓰기 위해 다시 여러 책을 참고하면서 마치 어릴 적 친구를 만난 듯 즐거운 시간을 보내고 있습니다. 독서는 머리를 많이 쓰는 활동이라 인지 기능 저하를 막는 데 도움이 되고 치매 예방에도 좋습니다. 출판 시장이 어렵다고는 하지만, 매일같이 새로운 책이 쏟아져 나오니 이것만큼 평생 취미로 삼기에 적합한 것도 없습니다. 다만, 오래도록 독서를 하기 위해서는 시력 관리를 잘해야 합니다. 눈 건강 관리에 대해서는 앞에서 몇 가지 내용을 언급했는데, 다시 한번 상기시켜 보면 좋을 것 같습니다.

TV를 보거나 OTT 콘텐츠를 보는 것도 좋은 취미가 될 수 있습니다. 요즘은 웨이브나 넷플릭스, 왓차 등 다양한 OTT 플랫폼이 나와 있어서 은퇴자가 영상 콘텐츠를 즐기기에도 더없이 좋은 환경입니다. 하지만 단순히 보는 것만으로는 수동적인 활동에 해당해 두뇌를 많이 쓰지 않는다는 단점이 있습니다. 그래서 영상을 보고서 후기를 블로그에 올린다든가, 뭔가 능동적인 활동이 추가된다면 업그레이드된 취미 활동이 됩니다. 이점에서는 제가 처음에 제안한 클래식 음악 감상도 마찬가지입니다. 단순히 듣는 것으로만 끝나지 않고 나만의 클래식 노트에 감상을 적거나 다른 연주와 비교해 들어본다거나 능동적인 활동을 추가한다면 더욱 즐거운 취미 생활이 됩니다.

어떤 선배 한 분이 "퇴직을 하니 3개월은 좋았는데, 그 이후는 시간을 보내는 일이 고역이더라"라는 말을 한 적이 있습니다. 반면 다른 선배는 "퇴직을 하니 하루하루가 너무 빨리 가서 회사에 다닐 때보다 더 바쁘다"라고 했습니다. 제가 두 선배의 다른 점을 분석해 보니 한 분은 특별한 취미가 없는 선배였고, 다른 선배는 다양한 취미를 즐기는 선배였습니다. 은퇴 후 매일 무슨 일을 하면서 시간을 보낼지 미리 계획하지 않는다면 자칫 무료한 나날의 연속이 될 수 있습니다.

하루 일과를 8시간으로 잡고 은퇴를 한 후 30년을 더 산다고 가정하면 우리가 사용할 수 있는 시간은 8만 시간이 넘습니다. 은퇴 전부터 자신이 즐길 수 있는 취미를 만들어 나간다면 그 시간이 지루함 없이 즐거움으로 채워질 것입니다.

16. 정서연금을 쌓는 습관

저희 아버지께서는 비록 고수는 아니지만, 세상에서 둘째가라면 서러워할 정도로 바둑을 좋아하셨습니다. 젊었을 때부터 취미였던 바둑을 얼마나 좋아하셨던지 60세에 회사를 퇴직하고 동네에 조그마한 기원을 차리시기까지 하셨습니다. 꼭 돈을 벌기 위해 기원을 연 것이 아니라 좋아하는 일을 하면서 노후를 보내려는 목적이어서 운영하시는 동안은 매우 행복해하셨습니다. 그 당시 아버지는 "퇴직을 하고 진정한 내 삶이 시작됐다"고 말하기까지도 하셨는데, 당시 20대인 제가 생각한 퇴직자의 모습은 무료한 시간을 흘려보내며 목적없이 사는 모습이었습니다. 그런데 그런 선입견을 깬 아버지의 모습은 즐겁고 신선한 충격이었습니다.

하지만 아버지는 오래지 않아 기원 운영을 그만두셨습니다. 매달 적자를 내는 것도 이유였지만 그보다 더 큰 이유는 어머니와 함께 보낼 시간이 많지 않다고 생각했기 때문입니다. 어머니는 평소 건강이 좋지 않아서 옆에서 보살핌이 필요했는데, 배우자를 위해 자신이 좋아하는 일을 포기했던 아버지를 생각하면 어머니에 대한 아버지의 사랑이 대단했구나 하는 생각이 듭니다. 아버지는 그 시절 대부분 남자들이 그랬듯 가사일을 전혀 한 적이 없었는데, 어머니의 건강이 나빠지면서부터는 가사일을 직접 맡아서 하셨습니다. 가끔 가사 도우미가 오기는 했지만 대부분의 집안일을 아버지가 직접 하셨고, 아픈 어머니를 돌보는 일도 극진히 하셨습니다. 결국 어머니는 만성신부전증으로 고생하시다가 아버지보다 4년 일찍 돌아가셨지만, 배우자의 돌봄 속에서 생을 마감하셨으니 어머니는 정서적으로 풍요로운 상태에서 생을 마감하셨을 것이라는 위안을 해봅니다.

이번 장에서 제가 언급하고 싶은 주제는 바로 '정서연금'입니다. 정서연금은 상담 전문가인 이호선 박사가 제 팟캐스트에 출연했을 때 소개해준 용어입니다. 정서연금에 든다는 것은 내 말을 들어주고 내 맘을 알아줄 누군가를 만드는 것입니다. 연금은 정기적으로 적립해야 적립금이 커져서 나중에 수령액이 많아지는데, 정서연금도 마찬가지입니다. 정서적으로 의지할 수 있는 사람과의 관계는 하루아침에 만들어지는 것이 아니고 조금씩 잘 적립해 놓아야 연금처럼 두둑히 쌓이게 됩니다. 정서연금이 더욱 중요한 이유는 건강이 나빠지거나 만성 질환이 생겨 돌봄이 필요한 상태가 되면, 몸보다도 정신이 더 빨리 약해지기 때문입니다. 세계보건기구(WHO)는 우울증을 예방하기 위한 권고문에서 "당신이 느끼는 우울감에 대해 당신이 믿고 있는 사람에게 이야기하세요. 그러면 훨씬 기분이 나아질 겁니다"라는 항목을 첫 번째로 넣고 있습니다. 이 말은 우울증을 예방하기 위해서는 정서적으로 의지할 대상이 반드시 필요하다는 뜻입니다. 아버지께서는 어머니 건강이 나빠지고부터 어머니가 우울해지지 않도록 특히 신경을 쓰셨는데, 딸을 셋씩이나 둔 어머니에게 정서적으로 가장 의지가 됐던 사람은 딸들이 아니라 배우자인 아버지였습니다.

정서연금의 대상이 꼭 가족일 필요는 없습니다. 하지만 기혼자라면 나와 가장 가까운 사람이 배우자이기 때문에 부부가 서로 정서연금이 되어주는 게 가장 좋습니다. 평균 수명은 늘어났는데 퇴직 연령은 그대로이다 보니 과거에 비해 직장 생활을 끝내고 배우자와 함께 보내야 할 시간이 이전보다 훨씬 길어졌습니다. 젊어서부터 부부가 함께 시간을 보내는 것에 익숙한 경우라면 상관 없지만, 퇴직 후 갑자기 배우자와 같이 보내는 시간이 길어지면 서로에게 스트레스를 주는 경우가 발생합니다. 그래서 은퇴를 전후해 부부 관계가 악화되는 상황도 드물지 않게 일어납니다. 이것은 부부가 서로 간의 정서연금 역할을 하지 못해 일어나는 일입니다. 다시 한번 말씀드리지만, 퇴직 전에 배우자와 관계를 잘 만들어 두어야 부부가 긴 노년을 즐겁게 보낼 수 있습니다.

제 지인이 이런 말을 한 적이 있습니다. "돈 버느라 가정에 신경을 못 썼더니 이제는 내가 빠져야 내 가족이 행복해 보이더라." 이 말을 듣는 데 마음이 참 아팠습니다. 현역시절 바쁘게 살다 옆에 있는 사람을 챙기지 못하다가 나중에 한꺼번에 어떻게 해보려 했지만, 그건 본인 생각일 뿐 하루아침에 관계가 좋아지는 기적은 일어나지 않았습니다.

요즘은 맞벌이가 일반적이지만 지금의 50대까지는 맞벌이보다 외벌이가 많아서 남편과 아내의 역할 분담이 확실한 편입니다. 전업주부인 아내는 남편이 은퇴할 즈음이면 자녀가 슬하를 떠나게 되고 그래서 주부가 자기 정체성에 대해 상실을 느끼는 '빈둥지 증후군(Empty Nest Syndrome)'이 문제였지만, 요즘은 '은퇴남편 증후군'이 더 문제라고 이호선 박사는 말씀합니다. 아이들 뒷바라지를 이제 막 끝낸 중년 아내들이 그간 누리지 못했던 자유를 막 느껴보려고 하는 순간 남편이 은퇴해서 아내들에게 스트레스를 준다는 것입니다.

혼자서는 끼니도 해결하지 못하고 아내가 자신에게 시간을 할애해주기를 바라는 남편 때문에 마음껏 외출도 못하는 주부들의 불만을 일본에서는 '젖은 낙엽 증후군'이라고 부르기도 합니다. 은퇴남편 증후군의 또 다른 표현으로, 차가운 바닥에 찰싹 달라붙은 낙엽처럼 아내 곁에 붙어있는 은퇴한 남편을 비유한 말입니다.

심지어는 이런 갈등이 원인이 되어 은퇴 후에 졸혼(卒婚)을 택하는 부부들도 상당히 많아졌습니다. 독립했거나 결혼한 자녀를 둔 부부가 '서로 할 도리를 다했다'면서 각자 제 갈 길을 가는 경우입니다. 졸혼이 드라마나 예능 프로그램에서 볼 수 있는 특별한 현상이 아니라 이제는 우리 주변에서도 심심찮게 볼 수 있는 풍경이 되었습니다. 평균 수명이 늘어난 이유로 충분히 함께 오래 살았으니 노년에는 자기 자신의 원래 모습을 찾기 위해 졸혼을 택한다는 사람도 있습니다. 물론 졸혼에도 긍정적인 측면이 있으니 무조건 나쁘다고 볼 수는 없지만, 이로 인해 앞서 말한 부부간 정서연금의 기반이 약해지는 것은 무척 안타까운 일입니다.

배우자는 나의 정서연금이 되어줄 첫 번째 상대이지만 자녀나 형제자매 등 혈연으로 맺어진 관계도 정서연금을 쌓기에 좋은 대상입니다. 하지만 부모자식 관계에서 주의해야 할 것이 있습니다. 부모가 자녀에게 집착하는 것이 자녀와의 관계를 돈독하게 하는 것으로 착각해서는 안 된다는 것입니다. 주위를 둘러보면 자녀가 부모에게서 정신적으로 독립하지 못한 경우보다 부모가 자녀로부터 독립하지 못하는 경우가 훨씬 많습니다. 자녀에 대한 집착은 버리고 자녀를 독립적인 인격체로 인정하며 인간 대 인간으로 친해지는 노력이 필요합니다.

횡적인 혈연관계인 형제자매는 부모자식 같은 종적인 혈연관계보다 멀게 느껴지지만, 세대가 같고 어린 시절을 공유한 관계라 남들보다는 훨씬 돈독한 정서적 유대 관계를 맺을 수 있습니다. 결혼 전에 친했던 형제자매도 각자의 배우자와 가정을 이루면서 사이가 멀어지는 경우가 많은데, 그렇다 하더라도 '물보다 진한 것이 피'이기 때문에 나이가 들어 조금만 노력하면 다시 관계를 회복할 수 있습니다. 제 경우 두 분 부모님이 모두 돌아가신 후 자매들과 정서적으로 더욱 가까워진 것을 느끼는데, 주위에서도 그런 경우를 종종 볼 수 있습니다. 아마도 부모님의 부재로 인한 정서적인 빈자리를 형제자매로부터 벌충하려는 방어 기재가 작동한 것이 아닐까 합니다.

KBS의 《박원숙의 같이 삽시다》는 노년이 된 동료들이 같이 살면서 겪는 여러 에피소드를 묶은 예능프로그램입니다. 왕년에 대스타였던 연예인들이 노년에 가족 대신 친구들과 의지하며 함께 사는 모습은 가족의 대안을 새롭게 제시해줍니다. 이처럼 꼭 같이 사는 관계가 아니더라도 가까운 친구들로부터도 정서연금을 쌓을 수 있습니다. 친구도 어릴 때 친구에서부터 학창 시절 친구, 사회생활을 하며 만난 친구까지 스펙트럼이 다양합니다. 때로는 가족에게 말할 수 없는 사안을 친구에게 얘기할 수도 있는데, 그래서 부부가 사이가 좋다 하더라도 친구는 있어야 된다고 말합니다. 교우 관계가 넓어서 만나는 친구가 많은 사람도 있지만, 아무래도 교류하는 친구가 너무 많아지면 중요한 사람에게 집중할 에너지가 줄어들게 마련입니다. 어떤 관계는 나에게 마이너스만 주는 일도 있기 때문에 인생 후반전의 교우 관계는 선택과 집중이 필요합니다.

지역 사회의 친구들도 정서연금이 되어줄수 있습니다. 아파트 생활이 일반적인 도시에서는 옆집에 누가 사는지도 모르는 경우가 많지만, 은퇴 후에는 시골 생활처럼 동네 친구가 무척 중요해집니다. 요즘은 주거 커뮤니티에서 취미, 여가 활동, 간병과 같은 다양한 활동이 이루어지는 경우가 많기 때문에 이웃과 친해지는 것이 무척 중요합니다. 특히 가족과 떨어져 혼자 살고 있는 경우라면 건강에 문제가 생겼을 때 누구보다 먼저 뛰어와 줄 사람은 같은 동네에 사는 친구입니다.

저희 회사에서 30년 이상 재직하고 퇴직한 여선배와 사회 생활을 거의 하지 않으신 저희 시어머니가 비슷한 시점에 새로운 아파트로 이사해서 살게 되었습니다. 그런데 두 분 중 지금 아파트 커뮤니티에서 더 활발하게 활동하는 사람은 사회 생활을 오래한 회사 선배가 아니라 전업 주부였던 저희 시어머니입니다. 시어머니는 사회 생활 경험이 거의 없는데도 아파트 노인회장에 선발되어 활발히 활동하고 계십니다. 지역 사회에 잘 스며드는 기술은 회사 생활에서 익힌 인간관계 노하우와는 조금 다릅니다. 사회 생활에서 달고 있던 계급장을 떼고 겸손하게 사람들에게 다가갈 때 성공적으로 지역사회에 스며들 수 있는 것 같습니다. 종교 모임이나 취미를 공유하는 동호회 모임에서 만난 사람도 누구보다 훌륭한 정서연금이 되어줄 수 있습니다. 마음에 드는 모임이 없다면 그런 모임을 직접 만들어 은퇴 전 활동을 해보는 것도 좋습니다.

정서연금은 한두 명에게 집중해서 쌓을 수도 있고 여러 명에게 적립해둘 수도 있는데, 차곡차곡 정서연금을 쌓아가는 동시에 정리할 관계는 과감히 정리하는 용기가 필요합니다. 은퇴 전문가들은 은퇴하면서 가지고 있던 명함들을 모두 버리라고 말합니다. 사회에서 내 위치 때문에 형성된 관계는 회사를 퇴직하고 나서는 유지되기가 힘듭니다. 친구도 마찬가지입니다. 친구 가운데 1년에 한 번 이상 연락하거나 안부를 묻지 않는 친구라면 관계를 유지할지 말지를 냉정하게 생각해봐야 합니다. 시간을 내서 휴대폰의 연락처에 저장된 전화번호 목록을 하나씩 검토해보는 시간을 가져보십시오. 연락처를 지우면 관계도 정리할 수 있습니다. 명함을 버리고 휴대폰 연락처를 지우고 그렇게 선택과 집중을 통해 관계를 정리하다 보면 주변이 깨끗해지는 것을 느낄 수 있습니다.

17. 쓰지 않는 물건을 잘 버리는 습관

시어머니의 냉장고가 10년도 더 된 것이라 작년 생신 때 큰
맘 먹고 바꾸어 드리기로 했습니다. 냉장고를 바꿔 드린다고
하니 어머님께서 아주 기뻐하셔서 뿌듯했는데, 냉장고 때문
에 다시 제 마음이 불편해질 줄은 꿈에도 몰랐습니다. 시어머
니는 냉장고를 새로 사면서 원래 쓰던 냉장고는 처분하기로
했는데, 막상 배달 기사가 배송을 가니 어머님 마음이 변해
둘 다 쓰시겠다고 하신 겁니다. 여기에 김치 냉장고도 있으
니 냉장고는 모두 세 대가 되었습니다. 혼자 사는 살림에 각
종 식재료들이 세 대의 냉장고에 차곡차곡 쌓이다보면 제때
소비되지 못할 것이 분명해 보였습니다. 원래 냉장고가 1인
가구 살림에는 용량이 커 일부러 폭이 깊지 않고 용량이 작은

키친핏 냉장고를 사드린 것이었습니다. 그러면 내용물을 자주 정리하게 되니 더 신선한 음식을 드시게 될 거라 생각했는데, 오히려 역효과가 나게 되었습니다.

시어머니는 깔끔한 성격이라 시댁은 언제 가도 깨끗하게 정리되어 있습니다. 그런데 냉장고는 왜 버리지 못하는 걸까요? 속상한 마음을 시누이에게 토로했더니 시누이네 시댁은 한 술 더 뜬다고 합니다. 시누이의 시댁에는 시아버지, 시어머니 이렇게 두 식구가 사는데, 어르신들이 쓰는 냉장고는 총 다섯 대이고 그 중 한 대는 업소에서나 쓰는 스텐리스로 된 초대형 냉장고라고 합니다. 그런데 알고 보니 우리 어머님이나 사돈 어르신 외에도 냉장고를 여러 대 사용하는 어른들이 한둘이 아니었습니다.

저는 정리정돈을 잘 못 하는 타입입니다. 청소를 좋아하고 주변을 깔끔하게 정리하는 사람들을 보면 존경심이 일어날 정도입니다. 그럼에도 제가 잘하는 것이 하나 있습니다. 그것은 뭔가를 잘 버리는 일입니다. 사실 버리기를 잘한다는 말에도 어폐가 있는 것이 제가 싫증을 잘 내는 타입이라 한 집에서 오래 살지 못해 이사를 자주 하다 보니 버릴 일이 많았다는 편이 더 맞을 것 같습니다. 2년 전 지금 집으로 이사하면서도 꽤 많은 걸 버렸습니다. 보통은 버릴 때 별 미련이 없지만, 입사할 무렵에 산 오디오 세트를 버리는 일은 꽤 큰 결심이 필요했습니다. 쓰지 않는 턴테이블은 이미 오래전에 버린 상태였지만 앰프, 스피커, 튜너, CD 플레이어 등은 신입사원 시절 돈이 생길 때마다 공들여 하나씩 장만했던 것입니다. 방에서 듣는 용도로 산 올인원 오디오가 하나 더 있긴 했지만 오디오 세트는 음악을 좋아하고 그것을 업으로 했던 저에게 추억과 애정이 가득한 물건이라 재산이라면 재산에 속하는 것이었습니다. 하지만 올인원 오디오를 산 후부터는 거실에 있는 오디오 시스템은 한 번도 쓴 적이 없어서 버리는 게 맞다고 생각했습니다. 20년 이상 사용한 제품이어서 돈을 내고 버려야 할 줄 알았는데, 전문 업체를 불렀더니 20만 원을 쳐 주었습니다. 돈도 돈이지만 제 애장품이 아직 가치를 다 하지 않은 것 같아서 제 마음에도 큰 위로가 되었습니다.

저는 폐가전이라면 무조건 돈을 내고 버려야 한다고 생각했는데, 나중에 알고 보니 '폐가전제품 배출 예약시스템'이란 게 있어서 별도의 비용을 내지 않고도 무료로 버릴 수 있었습니다. 이 시스템은 수수료 없이 수거 기사가 직접 가정 방문을 통해 무거운 폐가전 제품을 수거해가는 서비스입니다. 인터넷이나 전화로 예약을 하면 냉장고, 세탁기, 에어컨, TV는 물론이고 오디오세트나 데스크탑 PC세트(본체+ 모니터)도 버릴 수 있습니다. 폐가전을 무상으로 수거해가는 이유는 그 안에 있는 각종 자원(금, 은, 희소 금속 등)을 재활용하기 위함입니다. 그래서 임의로 제품을 분해하거나 부품을 분리하는 등의 원형을 훼손하면 배출할 수가 없습니다. 소형 가전도 5개 이상을 동시에 배출하면 무상 수거가 가능합니다. 전기밥솥이나 청소기, 선풍기, 헤어 드라이어, 토스트기, 프린터 등과 같은 것이 동시 배출이 가능한 소형 가전입니다.

저는 이사를 하면서 몇 년에 한 번씩은 물건을 정리하지만, 사실 집안의 물건은 정리하는 것이 아니라 순환을 시키는 것으로 봐야 합니다. '단사리(斷捨離)'라는 정리 기술을 고안한 일본의 컨설턴트 야마시타 히데코는 집안의 물건은 우리 신체와 마찬가지로 대사(代謝)가 되어야 한다고 설명합니다. 우리 몸에서는 새로운 영양소가 들어와 에너지를 만들고 반대로 묵은 노폐물이 빠져나가는 대사가 매일 이루어집니다. 이것이 원활하지 않으면 변비에 걸리거나 큰 병이 생깁니다. 냉장고에 햄을 넣어두고 먹지 않으면 '말라비틀어진 햄'(잡동사니)이 되었다가 '곰팡이가 핀 햄'(쓰레기)이 되는 것과 같습니다. 새로운 식재료가 들어가야 할 자리에 오래된 햄이 떡 하고 자리를 차지하고 있으면 냉장고가 병들어 가고 있다는 증거입니다. 음식은 이런 과정이 눈에 보이기도 하고 썩어 악취가 나면 금방 알아차리게 되고 바로 버리게 되지만, 옷이나 책 같은 집안 물건들은 쉽게 버리지를 못합니다. 수

십 년이 지나도 멀쩡하다 보니 함부로 버리지를 못합니다. 심지어는 고장 난 물건을 버리지도 못하고 고쳐 쓴다는 생각으로 쟁여두기도 합니다. 이때 버리지 못하게 만드는 것은 '애착'이 아니라 '집착' 입니다. 그래서 야마시타 히데코는 '단사리: 끊고 버리고 집착에서 벗어나라'를 강조합니다.

　– 단(斷): 집안에 들어오는 불필요한 물건을 끊는다.
　– 사(捨): 집에 틀어박혀 있는 쓸모없는 물건을 버린다.
　– 리(離): 물건에 대한 집착에서 벗어나 여유로움이 있는 공간에 존재한다.

　물건에 대한 집착에서 벗어나 불필요한 물건을 사지 않고, 쓸모없는 물건을 버리는 간단한 원칙만 지켜도 집안은 훨씬 여유로워집니다. 하지만 우리 의지만으로는 그렇게 하기가 쉽지 않습니다. 우선 소비를 권하는 사회 분위기에서는 물건을 사지 않고 버틸 수 있는 재간이 없습니다. 마트의 가격표는 소량을 사면 손해라고 우리에게 계속 말합니다. 홈쇼핑은 하루에 커피 한 잔 값만 아껴도 무엇이든 살 수 있다고 소비를 부추깁니다. 요즘은 간편해진 모바일 구매까지 가세해서 물건에 대한 필요성을 고민할 시간을 주지 않고 결제 버튼을 클릭하게 합니다.

우리는 공급과잉의 시대에 살고 있습니다. 기업들은 살아남기 위해 만들고 팔아야 하며 소비자들은 기업들의 상술에 버티지 못하고 필요하지도 않은 물건들을 자꾸 사들입니다. 사들인 재화는 원래 그다지 필요하지 않았던 것이기에 몇 번 사용하지 않고 거의 새것으로 남아 있는 경우가 대부분입니다. 그래서 집에는 사용하지 않으면서도 버리지 못하는 물건들이 쌓여만 갑니다. 서른 살부터 일주일에 한 가지씩 일 년에 50개의 새로운 물건을 샀다고 한다면 쉰 살이 되었을 때는 1,000개의 물건이 집안에 쌓여있다는 얘기가 됩니다. 대학생 자녀 둘을 포함해 4인 가족이 사는 저희 옆집은 택배 상자가 매일 두세 개씩 와 있습니다. 저도 가계부를 가만히 살펴보면 일주일에 열 개 이상의 택배를 시킨 주간도 있으니 남의 얘기만 할 것도 아닙니다.

물건을 사기만 하고 버리지 않는다면 노후 생활을 해야 할 무렵 집 전체가 물건으로 점령당하게 될지도 모릅니다. 집안의 물건을 순환시킨다는 원칙을 적용하면 물건 하나를 사면 다시 하나를 처분하는 것이 합리적입니다. 나이가 들수록 집착을 버리고 미니멀 라이프를 실천해야 하는 것은 우리가 은퇴 준비를 하면서 필히 거쳐야 할 과정입니다. 『50부터 물건은 뺄셈 마음은 덧셈』이라는 책의 저자 이노우에 가즈코는 50세부터는 물질을 가지려고 하기보다 나를 아끼는 데서 오는 만족감을 느끼며 인생을 살아야 한다고 충고합니다. 쓸데 없는 물건을 버리는 것이 습관이 되면 마음은 더 풍요로워진 다는 것이 그의 주장입니다.

집안의 물건을 정리하기 위해 우리는 일부러 수납용품을 삽니다. 하지만 금방 채워지고 또 다른 수납용품이 다시 필 요해집니다. 그런데 정리전문가들은 수납용품은 새로 살 필 요가 전혀 없다고 말합니다. 냉장고가 세 대 있으나, 다섯 대 있으나 그 안에 있는 것을 버리지 않으면 열 대, 스무 대가 되 더라도 부족하게 느껴진다는 것입니다. 아이들이 독립한 후 방 하나를 아예 쓰지 않는 물건을 보관하는 용도로 쓰는 가 정도 많습니다. 만일 그 방의 물건을 다 정리한다면 42평에 서 33평으로, 33평에서 다시 25평으로 집을 줄이는 것도 얼 마든지 가능합니다. 앞서 노후에 살 집의 평수를 줄이는 것 에 대해 고려해보라는 말을 했는데, 우리가 집의 평수를 줄 여 이사 가는 것이 힘든 이유가 살림을 줄이지 않기 때문입 니다.

여러분 집 살림 가운데 가장 쉽게 정리할 수 있지만, 하지 않고 미루고 있는 정리가 옷과 책이 아닐까 합니다. 이 두 가 지만 정리해도 집안의 공간은 상당히 여유로워집니다. 옷은 중고나라나 당근마켓 앱을 통해 팔기에는 가격 대비 시간이 아까운 경우가 많습니다. 그렇다고 가족이나 지인에게 주면 나의 골칫거리가 다른 사람에게 넘어가는 것밖에 안됩니다. 멀쩡한 것을 버려야 하는 안타까운 마음을 뒤로하고 옷은 과감하게 의류 수거함으로 보내십시오. 그렇게 모인 의류는 선별 작업을 거쳐 불우 이웃에게 보내지거나 다른 나라에 수출되기 때문에 얼굴을 모르는 사람일 뿐 다른 사람이 다시 사용하게 됩니다. 이렇게 생각하면 버리는 마음이 조금은 홀가분해집니다.

책은 종이로 재활용하도록 버릴 수 있지만, 수량이 좀 된다면 중고 서점에 파는 방법도 생각해볼 수 있습니다. 저는 알라딘 중고 서점을 이용하는데, 서점 앱을 이용해 책의 바코드를 촬영하면 중고로 팔 수 있는지를 확인할 수 있습니다. 신간이나 재고가 있는 책은 중고 도서로 매입을 안 하기도 하니 미리 꼭 조회를 해보고 이용하는 게 좋습니다. 각 권의 가격은 얼마 되지 않지만, 열 권 스무 권 합해지면 몇만 원이 되기도 합니다. 특히 서점에서 구할 수 없는 절판 도서라면 꼭 필요로 하는 누군가가 다시 요긴하게 쓸 수 있으니 책의 생명력을 늘렸다고 생각해도 됩니다.

제가 요즘 버릴지 말지를 고민하고 있는 것은 수 천장에 이르는 CD입니다. 요즘 웬만한 음악은 스트리밍 서비스를 하고 있고 유튜브에서도 언제든지 들을 수 있다 보니 CD로 음악 듣는 일이 점점 줄어들고 있습니다. 아마 앞으로도 그럴 것 같습니다. 그래서 몇 번을 고민하고 버리려고 했지만, 대학생 때부터 용돈이나 월급을 아껴가며 산 것들이라 선뜻 버리기가 쉽지 않습니다. MZ세대처럼 처음부터 디지털 세대였더라면 이런 고민이 필요 없을 텐데, 아직도 CD 자켓을 펼쳐보며 추억에 잠기는 아날로그 세대라 쉽사리 해결책을 마련하지 못하고 있습니다.

우리가 인생 후반전에 미니멀 라이프를 실천해야 하는 이유는 살림을 줄여 생활비를 절약하자는 것도 있지만 동시에 집안일도 줄일 수 있기 때문입니다. 청소하면서 잘 살펴보면 우리가 필요도 없는 물건을 유지하기 위해 얼마나 많은 에너지를 쓰고 있는지 알 수 있습니다. 지금부터 집안의 물건을 정리해 보고 하나를 사면 하나를 버리는 습관을 키워봅시다. 차근차근 미니멀 라이프를 지향하는 습관을 만들어 두면 건강한 노후와도 자연스럽게 연결됩니다.

18. 뇌를 쓰고 독학하는 습관

제가 CPA 자격시험을 통과한 것은 우리 나이로 마흔 살 때였습니다. 삼십 대 후반에 CPA 공부를 시작할 때는 20대 전업 수험생들과 경쟁해야 하는 것이 살짝 걱정스러웠습니다. 하지만 막상 20대 학생들과 스터디를 결성해서 공부를 함께하다 보니 나이가 많다는 것이 공부를 하는 데 있어 핸디캡이 되지 않는다는 것을 깨달았습니다. 저는 회사 일을 하면서 3년 만에 자격증을 땄으니 전업 수험생과 비슷하게 걸린 셈입니다.

우리는 젊은 사람이 더 머리가 좋고 회전도 빠르다고 생각합니다. 그런데 꼭 그런 것만은 아닙니다. 일본의 뇌전문의 가토 도시노리 박사는 우리 뇌가 나이가 든다고 해서 성장을 멈추는 것은 아니라고 말합니다. 그의 저서 『늙지 않는 뇌 사용설명서』를 보면 이런 대목이 나옵니다.

'뇌의 힘은 3세에 결정된다'라고 오해하는 사람이 많은 것 같습니다. 그러나 사람은 나이를 먹어도 뇌의 힘은 대학을 졸업했을 때와 비슷한 상태로 그다지 변하지 않을 뿐 아니라 50세가 넘어도 성장합니다.

    – 가토 도시노리, 『늙지 않는 뇌 사용설명서』, ISAE BOOKS, p.18

50세가 넘어도 뇌가 성장한다는 말은 인생 후반전을 맞는 사람들에게 큰 용기를 줍니다. 비록 체력은 떨어졌을지라도 나이가 들어서도 얼마든지 공부할 수 있고, 뇌를 써서 하는 일은 무엇이든 할 수 있다는 말이 됩니다. 이호선 박사의 책 『나이 들수록 머리가 좋아지는 법』을 보게 되면 중년 이후 지능에 대한 가장 유명한 연구로 미국 펜실베이니아 주립대학교 심리학자인 윌리스와 워너샤이의 '시애틀 종단 연구'를 소개하고 있습니다. 이 연구는 1956년부터 2000년까지 무려 40년이 넘는 기간 동안 6,000명 넘는 사람들을 대상으로 세월을 따라가며 이들의 뇌 건강을 추적한 연구입니다. 연구 결과에 따르면 뇌가 최고 수행력에 도달하는 시기는 남녀가 각각 달랐는데, 남성은 50대 후반에 정점을 찍었고, 여성은

60대에 들어서까지도 지속적으로 그 능력이 향상됐다고 합니다.

새로운 걸 배우길 좋아하는 저는 이것을 몸으로 직접 체험하고 있습니다. 여러 가지 공부를 해본 결과 50살이 넘은 후에도 어떤 공부를 하든지 예전보다 학습 능력이 떨어진다는 생각은 들지 않습니다. 노안이 왔기 때문에 시력이 예전 같지 않아서 조금 불편한 점은 있습니다만, 그간의 인생 경험이 공부를 더 쉽게 해주는 것을 생각하면 나이를 먹는 것이 공부를 하는 데 있어 장애가 될 수는 없다고 생각합니다.

인생 전반전을 치열하게 살았는데 은퇴를 해서까지 굳이 공부를 해야 하냐며 반문하는 독자가 있을지도 모르겠습니다. 하지만 은퇴를 앞두었거나 이미 은퇴를 한 세대라도 빠르게 변하는 디지털 시대를 살아가려면 현역 시절보다 배워야 할 것이 더 많습니다. 더 이상 회사에 다니지 않는다고 아무것도 배우지 않는다면 음식점에 가서 키오스크로 주문조차 못 하는 사람이 됩니다. 요즘 같은 디지털 시대에 무슨 종류의 공부든 선택의 문제가 아니라 생존의 문제로 보고 호기심을 갖고 덤벼야 합니다.

인생 후반전 공부는 '독학'이라는 수단을 통해 효율적으로 할 수 있습니다. 전 도쿄대 교수인 노구치 유키오 박사는 저서 『독학, 어른의 생존 공부법』에서 지금은 공부의 필요성이 한층 높아진 시대인 동시에 독학으로 공부하기가 무척 쉬워진 시대라고 말합니다. 디지털 시대가 되면서 온라인 수업이나 유튜브 강의 같은 독학이 가능한 방법이 많아졌습니다. 이제부터는 독학의 요령을 파악해 그때그때 필요한 공부를 스스로 하는 것이 필요합니다.

1940년생인 노구치 유키오 박사는 도쿄대 공학부 응용물리학과를 졸업하고, 우리나라 시스템으로 치면 재경행시를 통해 대장성(재무성) 공무원으로 임용됐다 미국 유학 후 대학으로 자리를 옮긴 분입니다. 이 분 책을 읽고 이력을 보면서 저와 비슷한 점이 많다고 생각했습니다. 저도 대학에서 화학을 전공하고, 대학원에서 클래식 음악을 공부한 뒤, 뒤늦게 공인회계사(CPA) 자격증을 따는 등 이것저것 공부를 많이 했고, 그 과정이 대부분 독학이었습니다. 물론 저와 세계적인 권위자를 함께 비교하는 것은 좀 어폐가 있지만, 제가 독학에 대해 글을 쓴다면 80% 이상 이분과 똑같은 책이 나왔을 거라는 생각이 듭니다.

생각해보면 제 독학의 역사는 상당히 오래되었습니다. 초등학교 때 피아노를 배우고 싶었는데, 집안 형편상 학원에 가지 못해 혼자서 피아노를 익혔습니다. 언니가 학원에서 피아노를 배워와 연습하고 있으면 어깨너머로 어떻게 치는지를 보고 흉내를 냈습니다. 이런 식으로 체르니 30번까지 독학으로 피아노를 익히고, 대학교 1학년 때 아르바이트해서 번 돈으로 처음 피아노 레슨을 받았습니다. 음악에 대한 열정이 넘쳐서 대학 졸업 후에 음대 성악과 편입을 거쳐 대학원에서 음악 이론을 전공하게 되었습니다. 그 이후 클래식 PD로 일을 했으니 피아노 독학은 지금의 저를 있게 한 시작점이었습니다.

고등학교 2학년 초에 학교를 자퇴하고 남들보다 1년 일찍 대학에 진학할 수 있던 것도 독학 덕분이었습니다. 학교에 다닐 때는 꽉 짜인 틀 안에서 공부하고 친한 친구들과 경쟁을 해야 하는 시스템이 숨이 막혀 공부를 즐겁게 할 수 없었습니다. 그런 이유로 자퇴를 하고 단과 학원에 다니며 대학 입시를 스스로 준비했는데, 커리큘럼을 직접 짜고 나만의 계획을 세워 공부하는 것이 너무 즐거웠습니다. CPA 시험 준비를 할 때에도 거의 온라인 강좌를 이용해 독학했는데, 이 시기에 경영학 전공으로 '독학사'를 취득하기도 했습니다.

노구치 유키오 박사의 말처럼 독학은 누가 시켜서 하는 푸시(Push)형 공부가 아니라 필요한 것을 스스로 당겨서(Pull) 하는 능동적 공부라 재미있게 학습을 할 수 있다는 장점이 있습니다. 제가 앞에서 내일배움카드를 이용해 은퇴설계전문가(ARPS) 자격증을 땄다는 얘기를 했는데, 이것 말고도 온라인 강좌와 유튜브를 통해 들을 수 있는 수업은 셀 수 없을 정도로 많습니다. 재개발과 관련해 꼭 알아야 하는 도정법(도시 및 주거환경 정비법)이라든지 주식 투자와 관련한 여러 가지 콘텐츠는 저의 재테크 공부에도 큰 도움을 주었습니다. 좀 생뚱맞지만 최근에는 사주명리학도 독학으로 공부하고 있습니다. 예전부터 명리학을 공부하고 싶은 마음은 있었지만 시간을 내서 오프라인으로 배워야 하는 것에 부담을 느꼈습니다. 하지만 지금은 유튜브 세상이라 잘 고르기만 한다면 유튜브 안에서 얼마든지 수준 높은 강의들을 공짜로 들을 수 있습니다. 방대한 학습 분량을 갖고 있다 하더라도 시간이 날 때마다 조금씩 할 수 있다는 것이 장점이고, 여러 선생님들의 강의를 비교하면서 공부할 수 있다는 것도 큰 장점입니다. 오프라인으로 한 선생님에게만 배웠다면 넓은 시야로 공부하기 힘들었을 것입니다. 명리학은 여러 각도로 해석이 가능한 학문이기 때문에 여러 선생님 강의를 유튜브로 참고하는 독학이 더없이 적합한 공부법이라는 생각이 듭니다.

이런저런 장점이 많은 독학이지만, 그럼에도 지속이 어렵다는 점은 독학의 최대 적입니다. 웬만큼 의지가 강한 사람이 아니고는 지적 호기심에만 기대어 공부를 지속한다는 것이 쉽지 않습니다. 그래서 제가 생각하는 가장 좋은 동기 부여법 중 하나는 자격증에 도전하는 것입니다. 예를 들어 부동산에 대한 공부를 하고 싶다면 공인중개사 자격증을 따는 것입니다. 공인중개사는 퇴직 후 부동산을 개업할 용도로만 자격증 공부를 한다고 생각하기 쉽지만, 꼭 직업으로 연결하지 않더라도 살면서 필요한 부동산 거래에 관한 여러 가지 사항들을 덩달아 알 수 있는 공부입니다. 저도 그런 용도로 30대 때 독학으로 취득했는데, 특히 1차 시험 과목인 민법을 공부할 때는 너무 흥미진진해서 사법 시험에 도전해보고 싶었을 정도였습니다. 학생 시절이었다면 이해가 안 갈 개념도 사회생활 경험이 있다 보니 쉽게 이해가 되면서, 민법이 살면서 꼭 필요한 공부라는 생각이 들었습니다. 세금에 대해 공부하는 습관을 가져야 한다고 얘기했지만 공인중개사 시험 과목에 들어있는 세법에는 상당히 심층적인 내용까지도 포함하고 있어서 부동산이나 재테크 등에 좀 더 기본적인 앎을 갖고 싶다면 이런저런 책 대신 공인중개사 자격증 공부가 더 나을 수도 있다는 생각을 합니다. 물론 자격증 공부라는 게 쉽사리 도전하고 쉽사리 딸 수 있는 것은 아닙니다. 사람마다 공부할 수 있는 여건이 다를 수도 있고요.

제 주변에 재건축에 관심이 있어서 퇴직 후 자신이 보유한 아파트가 재건축에 들어가면 조합장을 한번 해보겠다는 지인이 있습니다. 그는 이렇게 확실한 목표가 있기 때문에 쉰이 넘은 나이에 공인중개사 공부를 시작해 1, 2차 시험을 한번에 붙는 기염을 토했습니다. 물론 재건축 조합장을 하는데 공인중개사 자격증이 반드시 필요한 것은 아닙니다. 하지만 자격증 취득이라는 목표가 관련 공부를 더 열심히 하는 이유가 되었을 뿐만 아니라 타인에게도 열심히 공부했다는 시그널을 줄 수 있습니다. 설사 자격증 취득에 실패했다 하더라도 실망할 필요는 없습니다. 운동하는 것이 운동선수가 되기 위해서가 아니라 건강을 위해서인 것처럼 공부하는 과정에서 뇌를 사용했다면 그만큼 뇌가 더 건강해졌다고 생각하는 게 좋습니다.

끊임없이 공부하는 습관은 뇌가 매너리즘에 빠지지 않도록 해줘 치매를 예방하는 효과를 거둘 수 있습니다. 하지만 자발적으로 공부하려면 하고 싶다는 의욕이 우선시되어야 하는데, 주변을 살펴보면 그런 것 자체가 없는 사람도 많습니다. 가토 도시노리 박사는 새롭게 도전하고 싶은 일이 없으면 '매너리즘에 빠진 뇌'를 갖고 있을 가능성이 크다고 말합니다. 나이가 들면서 점점 머리가 나빠진다고 말하는 이유가 어른이 되면 더는 배울 게 없다고 생각하고 뇌를 사용하지 않기 때문입니다. 알다시피 우리 뇌는 엄청난 능력을 가지고 있는 컴퓨터인데, 우리는 그중에서 극히 일부만 사용하고 있습니다. 나이가 들면서도 계속해서 뇌를 자극하면서 새로운 것을 학습한다면 뇌는 끊임없이 성장할 수 있습니다.

고령화가 가속화되면서 개개인뿐만 아니라 사회 전체적

으로도 치매에 대한 걱정이 깊어지고 있습니다. 65세 이상 노인 14명 중 1명, 80세 이상 노인 6명 중 1명이 치매를 앓는다는 통계도 있습니다. 뇌를 사용하지 않으면 뇌세포가 빨리 죽고, 뇌세포 연결 고리도 헐거워져 치매 발생 가능성이 커진다고 합니다. 건강한 몸으로 오래 사는 것도 중요하지만 몸은 건강한데 뇌를 쓰지 않아 치매에 걸린다면 그것은 재앙이나 다름없습니다. 나이가 들수록 뇌를 쓰고 독학하는 습관이 중요한 이유가 바로 이 때문입니다.

19. 삶에서 의미를 찾는 습관

아주 오래전에 SBS 창사 특집극으로 방영됐던 김수현 작가의 3부작 드라마가 생각납니다. 《홍소장의 가을》이라는 제목의 드라마였는데, 파출소장으로 정년 퇴임한 홍상수(최불암 분)가 주인공인 드라마입니다. 홍상수에게는 국내 굴지의 대기업 임원으로 재직하고 있는 8살 아래의 남동생 홍상준(임채무 분)이 있었습니다. 사회적으로 성공을 이어가던 홍상준은 52세에 갑자기 회사에서 해고 통보를 받습니다. 아이들은 외국 유학을 나가 있는 상황이고, 허영기 많은 아내(박정수 분)는 상심한 남편을 위로하기는커녕 초라해진 자신을 연민하며, 남편에게 오히려 비난을 퍼붓습니다. 결국 홍상준은 아내를 외국으로 떠나보내고 스스로 생을 마감하게 됩니다.

드라마 주인공은 홍소장이었지만, 동생 홍상준의 고뇌가 인상 깊었던 것으로 기억이 납니다.

드라마는 극단적인 경우를 설정했지만, 현실에서도 커리어의 정점인 50대에 갑자기 퇴사하는 사례는 어렵지 않게 접할 수 있는 일입니다. 제 팟캐스트에 출연했던 김용전 작가도 그랬습니다. 그는 한 교육 기업의 단칸방 창립 멤버로 시작해 연 매출 3,000억대의 대기업을 만들기까지 온몸을 불살라 일했습니다. 30대에 이사로 승진하며 승승장구했지만, 어느 날 20여 년간 청춘과 인생을 바쳤던 회사에서 이유도 모른 채 토사구팽을 당했습니다. 그때 나이가 50살이었는데, 그가 느낀 배신감은 이루 말할 수 없었습니다. 그러나 그는 자신이 받은 상처를 자양분 삼아 『직장신공』『토사구팽 당하라』『바다는 결코 비에 젖지 않는다』등의 저서를 내며 작가로 거듭났습니다. 그는 지금 70에 가까운 나이지만 여전히 커리어 컨설턴트로 왕성하게 활동하고 있습니다. 만약 그가 회사에서 잘리지 않고 계속 일을 했다면 오늘날 같은 액티브 시니어(Active Senior, 건강하고 적극적으로 생활하는 활기찬 은퇴자)가 될 수 있었을까요? 본인은 그러지 못했을 거라고 말합니다. 결국 김용전 작가에게 중도 퇴사는 전화위복의 계기가 된 셈입니다.

드라마 속의 인물 홍상준과 현실의 인물 김용전 작가를 비교해보면 같은 사건을 대하는 태도가 완전히 다르다는 걸 알 수 있습니다. 심리학의 관점에서 보게 되면 비관적인 사람과 낙관적인 사람의 차이인데, 낙관적인 사람은 자신의 역경이 일시적이고 얼마든지 극복할 수 있는 것으로 받아들입니다. 하지만 비관적인 사람은 어려움에 빠지면 자신은 그 문제를 도저히 극복할 수 없을 뿐만 아니라 그 문제가 영원히 자신의 삶을 망쳐 놓을 거라 생각합니다. 그래서 어려운 상황이 닥쳤을 때 '이 또한 지나가리라' 믿음을 가지는 것이 무척 중요합니다. 이같은 긍정적인 심리는 유전적 영향을 받기도 하지만 후천적으로도 충분히 계발될 수도 있습니다.

하버드 대학에서 '행복학 열풍'을 불러일으킨 긍정심리학자 탈 벤-샤하르 박사는 종신직 교수가 되는 절차나 과정이 결코 '행복하지 않아서' 강사로 남기로 한 특이한 분입니다. 아이비리그의 3대 명강의라 찬사를 받는 그의 강의는 긍정심리학에서 말하는 것처럼 세속적인 성공과 부는 행복과 전혀 상관이 없다는 것을 강조합니다. 즉, 의식주의 기본적인 욕구가 충족되고 나면 더 이상의 재산은 행복감을 높이는 데 큰 도움이 되지 않는다고 합니다.

박사가 속한 하버드 대학의 한 조사에 따르면, 미국을 비롯해 소득이 높은 국가의 국민들은 재산이 증가했음에도 불구하고 행복감은 오히려 줄어든 것으로 조사되었습니다. 미국은 GDP가 두 배로 증가하는 동안 '매우 행복하다'고 느끼는 인구는 오히려 5%나 감소했고, 우울증 환자의 수는 반대로 대폭 증가했다고 합니다. 그런데 우리나라도 이와 크게 다르지 않습니다. 우리 역시도 과거보다 경제 규모가 커지고 사람들은 더 부유해졌지만 전 연령층에서 우울증 환자 수는 늘어났습니다. 고령화가 진행되면 될수록 50대 이상에서의 우울증 환자 수는 점점 더 증가하는 추세입니다.

육체와 정신 건강은 연계되어 있습니다. 그래서 육체적으로 만성 질환을 앓고 있는 사람이라면 우울증은 부차적으로 따라오는 질환입니다. 우울증에 빠지지 않고 건강한 마음을 잘 지키기 위해서는 평소에 긍정적인 생활 태도를 가지고 마음의 면역력을 기르는 것이 중요합니다. 샤하르 교수는 그의 저서 『해피어(Happier)』에서 행복한 삶을 살기 위해 마음에 새겨 둘 사항을 다음과 같은 여섯 가지로 압축해 제안하고 있습니다.

벤-샤하르 교수의 행복 6계명
1) 인간적인 감정을 허락하라: 두려움, 슬픔, 불안 등 우리가 느끼는 감정을 자연스럽게 받아들이면 극복하기가 쉬워진다. 자신의 감정을 부정하면 좌절과 불행으로 이어진다.

2) 행복은 즐거움과 의미가 만나는 곳에 있다: 직장과 가정에서 삶의 의미를 주면서 즐거움도 느낄 수 있는 활동을 하라. 그것이 여의치 않다면 '행복 촉진제'를 만들어 실천에 옮겨보라.

3) 행복은 사회적 지위나 통장 잔고가 아닌 마음먹기에 달려 있음을 잊지 말라: 행복은 우리가 어디에 초점을 맞추고 상황을 어떻게 해석하는가에 따라 결정된다. 실패를 재앙으로 여길 수도 있지만 배움의 기회로 생각할 수도 있다.

4) 단순하게 살라: 시간은 점점 줄어드는 데 일은 점점 더 많이 하려고 욕심을 부리느라 눈코 뜰새 없이 바쁘게 살고 있다. 그러나 너무 많은 일을 하다 보면 행복을 놓칠 수 있다.

5) 몸과 마음이 하나라는 것을 기억하라: 몸으로 하는 것 또는 하지 않는 것은 마음에도 영향을 준다. 규칙적으로 운동하고 충분히 자고 건강한 식습관을 유지하면 몸도 마음도 건강해진다.

6) 기회가 있을 때마다 감사를 표현하라: 종종 우리의 삶을 당연한 것으로 여긴다. 사람에서 음식까지, 자연에서 미소까지, 우리 인생의 좋은 것들을 음미하고 감사하는 법을 배우자.

- 탈 벤-샤하르 저, 『해피어』, 위즈덤하우스, 2007, p.5

　여기에 제시된 행복 6계명은 성공적인 은퇴 생활을 하는 데있어서도 그대로 적용됩니다. 특히 두 번째 계명에 언급된 '삶에 의미를 주면서 즐거움도 느낄 수 있는 활동'은 더더욱 숙고해볼 필요가 있습니다.

　앞서 '제2의 직업을 준비하는 습관'에서 평생 현역을 언급했지만, 사실 모든 사람이 평생 현역으로 일하는 건 아닙니다. 은퇴 생활을 하는 사람들을 크게 소득 활동을 적극적으로 하는 사람과 그렇지 않은 사람으로 나눌 수 있습니다. 그리고 후자의 사람들을 다시 '자원봉사형'과 '순수레저형'으로 나눌 수 있습니다. 이중 소득 활동을 하는 경우는 앞에서 자세히 다룬 바 있습니다. 퇴직 후에도 오랫동안 소득활동을 지속하게 되면 노후에 물질적으로 훨씬 여유로워지는 것이 사실입니다. 하지만 반드시 명심해야 할 것이 있습니다. 그것은 일을 너무 많이 하려고 욕심을 부리다 사랑하는 사람들과 함께하는 시간이 부족해지면 안 된다는 것입니다. 좋은 인간관계는 행복으로 가는 밑거름입니다. 현역 시절 바쁜 일상에 쫓겨 가족이나 친구들과 보낼 시간이 없었던 사람이라면 은퇴 후에는 더더욱 그런 시간을 확보해야 합니다.

　일은 하지만 돈을 받지 않는 '자원봉사형'은 주로 종교가 있는 사람들이 많이 택하는 유형입니다. 금전적 보상이 없거나 최소한의 실비만 받고도 지속해서 활동할 수 있으려면 남을 위해 일하는 데에서 오는 정신적 보상이나 만족감이 있어야 합니다. 이타적인 사람이라면 이런 활동을 하면서 삶에서 의미를 찾는 일이 어렵지 않을 것입니다. 하지만 간혹 봉사자가 보내는 호의를 계속 얻을 수 있는 자신의 권리인양 착각하는 사람들이 있습니다. 이런 부류의 사람을 만나게 되면 좋은 뜻으로 나선 일이 오히려 스트레스가 되는 경우가 있습니다. 그래서 몸과 마음이 상하지 않도록 사람과 일의 관계를 잘 관리하는 것이 중요합니다.

현역시절 충분히 일 할 만큼 했으니 그 정도면 충분하다고 생각하는 사람들은 '순수레저형' 은퇴 라이프를 선택합니다. 등산이나 골프 낚시 등의 취미에 열중한다든지, 회사 다닐 때 시간이 없어서 하지 못했던 여행을 떠난다든지, 한가한 시간에 영화관이나 미술관 박물관을 찾는다든지 하면서 생활하는 유형입니다. 저도 몇 년 전까지만 해도 은퇴 생활은 그럴거라 생각했습니다. 여행을 좋아하기 때문에 이곳저곳을 다니다 보면 은퇴 생활이 충분히 즐거울 것 같았습니다. 하지만 곰곰이 생각해보니 제가 좋아하는 것은 여행 그 자체라기보다는 반복되는 일상생활을 리프레시 할 수 있는 정도의 기분 전환이었습니다. 그래서 저는 은퇴 이후 삶을 순수레저형에서 소득 활동을 하는 쪽으로 변경했습니다.

　은퇴한 분들 중에는 예전보다 행복감이 줄어들었다고 말하는 경우도 있습니다. 하지만 명확한 목표를 가지고서 은퇴 생활을 하는 사람이라면 은퇴 후가 더 행복합니다. 은퇴 이후 계속 일을 할 때도 목표가 필요하지만, 순수레저형으로 은퇴 라이프를 즐기고자 하더라도 목표는 필요합니다. 은퇴 후 할 일을 '버킷리스트'로 작성해보는 것은 목표를 정하는 좋은 방법입니다. 하고 싶은 일들을 글로 써보고 언제 무엇부터 할지 순위를 정하고 그것을 구체화한다면 은퇴 후 더 많은 일을 할 수 있습니다. 또 그것들을 달성해가는 과정에서 성취감도 느낄 수 있습니다.

　삶에서 의미를 찾는다는 말은 표현상으로는 거창하지만, 사실 그렇게 대단한 것은 아닙니다. 사랑하는 가족과 소소한 일상을 누리는 것도, 반려 동물을 돌보는 것도 내가 살아야 할 이유가 됩니다. 퇴직으로 인생이 끝나는 것은 결코 아닙니다. 더군다나 퇴직 이후의 삶이 30~40년이나 되는 지금 같은 시대에는 그 시기를 인생의 덤으로 생각해서는 안 됩니다. 인생 후반전에서 삶의 의미를 찾는다면 은퇴 전보다 더 행복한 은퇴 라이프가 기다리고 있을 것입니다.

20. 죽음에 대해 생각해 보는 습관

미술을 특별히 좋아하지 않는 사람이라도 유럽 여행을 가면 여행 코스에 꼭 넣는 것이 박물관과 미술관입니다. 저 역시도 그랬습니다. 루브르 박물관, 바티칸 박물관, 대영 박물관을 비롯해 프라도 미술관, 에르미타쥬 미술관, 오르세 미술관, 반 고흐 미술관, 벨베데레 미술관 등 유럽의 도시를 방문할 때마다 유명하다는 미술관은 꼭 들렀습니다. 그런데 유명 미술관에 가서 세계의 명화를 직접 보는데도 불구하고 크게 감동한 적은 한 번도 없습니다. 제가 그림을 보면서 정말 크게 감동한 곳은 뜻밖의 장소입니다. 바로 벨기에 안트베르펜(엔트워프)에 있는 성모 마리아 성당입니다. 이곳은 동화『플란다스의 개』에서 주인공 네로가 파트라슈와 함께 세상을 떠난

곳입니다. 네로는 성당 안에 있는 루벤스의 명화를 보는 것이 소원이었는데, 크리스마스에 그 그림을 보고 그곳에서 사랑하는 충견 파트라슈와 함께 하늘나라로 떠납니다. 제가 성모 마리아 성당에서 루벤스의 그림을 보면서 감동의 눈물을 흘렸던 것도 아마 그 그림이 전해주는 감동도 있지만 동화의 슬픈 결말이 오버랩 됐기 때문인것 같습니다.

『플란다스의 개』를 처음 접한 건 초등학교 1학년 때 TV 애니메이션 '세계명작동화'를 통해서였습니다. 귀여운 그림체로 만들어진 이 만화 영화를 신문에 게재된 TV 방송 시간을 확인해가면서 한 편도 빠짐없이 봤던 기억이 납니다. 지금 생각해보면 할아버지와 네로와 파트라슈가 모두 죽는 비극적인 결말은 초등학교 1학년생에게는 잔혹 동화나 다름없었습니다. 저는 마지막 회차를 다 본 후 며칠 동안 밥도 먹지 못할 정도로 가슴이 먹먹했던 기억이 납니다. 아마 죽음에 대해 구체적인 생각을 해 본 것이 그때가 처음이 아니었나 싶습니다.

부모님이 맞벌이를 하셨기 때문에 제 어린 시절은 주로 친할머니와 함께했습니다. 할머니는 건강하셨지만 나이가 많다 보니 언제 돌아가실지 모른다는 생각을 자주 했습니다. 10살이 되기 전에는 혼자 그런 생각을 하다가 소리 내어 운 적도 여러 번 있었는데, 이것이 '상실의 예감'에 의한 슬픔이라는 것을 최근에야 알게 되었습니다. 다행히 할머니는 장수

하셔서 제가 서른 살 때 돌아가셨습니다. 그때는 할머니께서 노환으로 몇 년간 고생하신 후였고 저도 슬픔을 극복할 멘탈이 갖춰질 나이여서 정신적으로 큰 고통 없이 할머니를 보내드릴 수 있었습니다. 하지만 저와 비슷하게 할머니 손에서 자란 친구 한 명은 초등학교 때 할머니를 떠나 보내고 몇 달간 정신과 치료를 받았을 정도로 큰 상실감을 겪었다고 합니다.

사랑하는 가족을 잃었을 때 우리가 겪는 슬픔은 상상을 초월합니다. 살면서 겪는 스트레스 중에서 가장 큰 스트레스는 배우자의 죽음과 자식의 죽음이라고 합니다. 하지만 직계존속(부모님, 조부모님)의 죽음도 그에 못지않습니다. 죽음학에서 고인과 사별한 유족들을 돌보는 '돌봄(care)'은 대단히 중요한 주제입니다. 정신과 의사이자 호스피스 운동의 선구자인 엘리자베스 퀴블러 로스 박사는 죽음을 받아들이는 단계를 '부정-분노-타협-우울-수용'의 순으로 보았습니다. 그녀와 『인생수업』『상실수업』이라는 책을 함께 쓴 애도전문가 데이비드 케슬러는 이 다섯 단계를 두고, 엄밀한 규범은 아니지만 죽음에 가까워진 사람과 슬픔에 빠진 사람 모두에게 보편적으로 적용되는 단계라고 했습니다.

- 부정: 당면한 상실에 대한 충격과 불신 단계
- 분노: 사랑하는 누군가가 더이상 존재하지 않는다는 사

실에 대한 분노 단계

  - 타협: '만약'이라는 가정과 후회가 가득한 단계
  - 우울: 상실에서 비롯된 슬픔으로 우울한 단계
  - 수용: 상실을 현실로 인지하고 받아들이는 단계

인생 후반전이 되면 부모님이나 배우자, 형제자매, 가까운 친구의 죽음을 곁에서 지켜보게 됩니다. 100세 시대라고는 하지만 아까운 나이에 유명을 달리하는 분들은 여전히 많습니다. 나이가 들면 언제가 될지 모를 나 자신의 죽음에 대해서 생각해 보는 일도 중요하지만 가족이나 지인의 죽음에 대한 상실감을 스스로 치유하는 일도, 사별의 슬픔을 겪고 있는 가까운 사람들을 돌보는 일도 중요해집니다.

저의 경우 어머니는 70세에 돌아가셨고 아버지는 4년 후 77세에 세상을 떠나셨습니다. 어머니가 먼저 돌아가셨지만 아버지의 죽음을 맞이할 때 오히려 상실감이 훨씬 더 컸습니다. 상실감은 죽음을 목격할 당시의 나이나 고인의 나이와도 상관이 있지만, 그것이 예견된 죽음이었는지 아닌지도 중요합니다. 오랜 지병 끝에 돌아가신 어머니에 비해 예상보다 일찍 돌아가신 아버지의 죽음이 더 큰 상실감을 낳은 이유도 그 때문입니다. 그런데 어머니가 돌아가셨을 때 아버지의 상실감에 대해서는 깊게 생각하지 못한 것이 지금에 와서는 큰 회한으로 남아 있습니다. 오랫동안 어머니 곁에서 간병하셨던 아버지 입장에서 배우자의 죽음은 딸들이 느끼는 것과는 차원이 다른 슬픔으로 다가왔을 텐데, 무심한 딸들은 그것을 미처 헤아리지 못했습니다. 좀 더 오래 사실 것으로 생각한 아버지가 어머니 사후 4년 만에 돌아가신 것도 꼭 그 탓인 것만 같다는 생각이 지금도 듭니다.

어머니 사후 실버타운에서 4년간 혼자 지내시던 아버지는 폐렴 증상이 와서 병원에 입원했는데, 갑자기 패혈증 증세가 왔습니다. 아버지는 중환자실로 옮겨졌고 의사는 48시간 이내에 사망한다는 진단을 내렸습니다. 그때 미국에 있던 여동생도 급히 귀국했는데, 불행 중 다행으로 아버지의 증세가 호전되어 일반 병실로 옮겨져 회복이 되는 듯했습니다. 하지만 다시 일주일 만에 병세가 악화되어 중환자실로 옮겨졌고 결국에는 인공호흡기와 에크모(ECMO, 환자의 몸 밖으로 혈액을 빼낸 뒤 산소를 공급해 다시 몸속에 투입하는 의료장비)에 의지하는 치료를 받다가 돌아가셨습니다.

아버지께서는 살아계실 때 입버릇처럼 당신은 연명 치료를 받지 않겠다고 말씀하셨습니다. 하지만 환자의 뜻을 알고 있다 하더라도 당시에는 보호자가 임의로 연명 치료를 중단하는 결정을 할 수가 없었습니다. 우리나라에서는 2018년부터 '연명의료결정법'이 도입되어 일정한 조건에서 연명 치료를 받을지 말지를 본인이 미리 결정하는 길이 열렸습니다. 바로 '사전연명의료의향서'를 작성하는 것입니다. 이것은 자신이 미래에 회복 불가능한 상태에 빠졌을 때 연명 의료를 받지 않겠다는 의사를 미리 밝혀두는 서류입니다. 사전연명 의료의향서는 법률상 19세 이상이면 누구나 작성할 수 있으며, 2021년 8월 현재 작성한 사람이 100만 명을 돌파했다고 합니다.

보건복지부에서 지정한 사전연명의료의향서 등록 기관은 국민건강보험공단 지사나 주요 병원, 보건소, 종교 단체 등입니다. 이것을 신청하기 위해서는 인터넷 포털에서 국립연명의료관리기관을 검색해 자신이 사는 지역과 가까운 곳을 방문해서 작성할 수 있습니다. 등록 기관을 통해 작성된 사전연명의료의향서는 연명의료 정보처리 시스템 데이터베이스에 보관되어 있다 나중에 연명 의료 중단 결정이 필요한 상태가 되면 데이터베이스에 있는 의향서를 확인해서 결정을 내리게 됩니다. 저도 얼마 전 제가 다니는 종합 병원을 방문해 이것을 작성했습니다. 작성 시간은 오래 걸리지 않았지만 왠지 모르게 마음가짐이 경건해지는 느낌이 들었습니다.

사전연명의료의향서와 함께 유언장도 언제 맞게 될지 모르는 죽음을 대비해 작성해 두어야 하는 사항입니다. 이에 대해서는 앞에서도 다루었지만 만약 유언장 없이 사망하게 되면 유족들은 고인의 유산을 정확히 파악할 수 없어 혼란을 초래하는 일이 발생합니다. 그럴 때 이용할 수 있는 제도가 있습니다. '안심상속원스톱서비스'와 '상속인금융거래조회 서비스'입니다. 이 서비스를 이용하면 공시된 재산은 찾아낼 수 있지만 그렇지 않은 유산은 사실상 찾기가 어렵습니다.

안심상속원스톱서비스는 상속인이 사망자의 금융 내역, 토지, 자동차, 세금, 연금 등의 재산 조회를 한 번에 통합 신청하는 서비스입니다. 사망 신고를 접수하는 시청이나 구청, 읍면동 주민센터 민원실에 방문해 신청하거나 고인의 사망일이 속한 달의 말일부터 6개월 이내에 정부24 사이트에서 온라인으로 신청할 수 있습니다. 제1순위 상속인(직계비속, 배우자)은 방문 신청과 온라인 신청 두 가지 모두가 가능하고, 선순위자가 없을 경우에는 후순위자가 신청할 수도 있습니다. 하지만 제2순위 이하자의 경우에는 온라인 신청에는 제약이 있어 방문 신청을 하는 것이 원칙입니다. 금융감독원의 상속인금융거래조회서비스를 통해서도 피상속인의 금융 정보를 볼 수 있습니다. 여기서는 금융 채권과 채무뿐만 아니라 세금 체납 정보 등 비금융정보도 일괄적으로 조회가 가능합니다. 상속인금융거래조회서비스 접수처는 금융감독원과 전 은행(수출입 은행, 외국 은행의 국내 지점은 제외), 농수협 단위 조합, 우체국, 일부 보험사(삼성생명, 한화생명, KB생명, 삼성화재) 고객 플라

자, 유안타 증권 등입니다. 상속인금융거래조회서비스 신청 후에는 3개월 동안 금감원 '파인' 홈페이지(fine.fss.or.kr)에서 각 금융 협회의 조회 결과를 일괄 조회할 수 있습니다.

저희 아버지께서는 돌아가시기 전에 딸들에게 모든 재산을 투명하게 알려주셔서 유족들이 편하게 사후 정리를 할 수 있었습니다. 아버지는 병원에서 패혈증 진단을 받은 후 2주를 더 사셨는데, 패혈증이 고령자에게 치명적인데도 불구하고 잠깐이나마 더 사셨던 것은 딸들과의 작별 인사를 잘하고 싶었던 고인의 의지 때문이 아니었을까 생각합니다. 잠시 회복이 되셨을 때도 의사소통을 할 수 있을 정도는 아니었지만, 그 2주가 있었기에 미국에 있던 동생도 아버지 얼굴을 보고 작별할 수 있었습니다.

죽음이 너무 갑작스러우면 남아있는 사람의 슬픔이 큽니다. 하지만 오랜 기간 병고에 시달리거나 연명 치료를 하는 것은 본인에게나 가족들에게 너무 큰 고통이 될 수도 있습니다. 우리는 언제 어떤 죽음을 맞을지 알 수 없습니다. 죽음의 모습을 내가 선택할 수도 없습니다. 그래서 더더욱 인생 후반전에는 죽음에 대해 생각해보는 습관을 갖고 준비할 수 있는 부분을 미리미리 챙기는 것이 필요합니다. 그것은 사후 정리를 하고 슬픔을 극복해야 하는 유족을 위한 마지막 배려이기도 합니다.

더 읽기

퇴직금과 퇴직연금

우리나라에서 퇴직연금 제도가 도입된 것은 지난 2005년입니다. 그 이전에 설립된 회사나 규모가 작은 회사중에는 아직 퇴직금 제도를 고수하고 있는 경우도 있지만 2022년부터 10인 미만 사업장도 퇴직연금 도입이 의무화되기 때문에 퇴직연금 제도를 채택하는 회사는 점차 확대될 전망입니다. 퇴직연금 제도는 근로자가 회사를 나갈 때 지급할 퇴직 급여를 사외(은행이나 증권사, 보험사 등)에 적립해 놓았다가 55세 이후 연금이나 일시금으로 받을 수 있도록 한 것입니다. 근로자 입장에서는 퇴직급여를 사내에 유보하는 퇴직금 제도보다 훨씬 더 안정적으로 퇴직급여를 확보할 수 있다는 장점이 있습니다.

퇴직연금은 크게 회사가 운용의 책임을 지는 확정급여형 퇴직연금(이하 DB형 퇴직연금)과 근로자가 운용 책임을 지는 확정기여형 퇴직연금(이하 DC형 퇴직연금) 두 가지로 나눌 수 있습니다. 회사가 DB형 퇴직연금을 도입하고 있다면, 예전에 퇴직금 제도를 채택한 회사와 별반 다르지 않습니다. 회사가 외부 금융 기관을 통해 적립하는 퇴직연금이 수익이 안 나서 근로자에게 주어야 할 금액보다 적으면 회사가 보전해주고 그것보다 많으면 회사 수입에 넣는 구조라서 근로자는 퇴직연금의 수익률에 그다지 신경 쓸 필요가 없습니다.

반면, DC형 퇴직연금을 채택하고 있다면 근로자가 퇴직연금을 많이 받기 위해 스스로 노력하는 것이 필요합니다. 회사는 근로자의 퇴직연금 계좌에 주기를 정해(매달, 매 분기, 매년 등) 한 달 치 월급에 해당하는 금액을 넣어주는 것으로 그해 퇴직급여 정산을 끝냅니다. 그 이후에는 근로자가 알아서 계좌 관리를 해야 합니다. 근로자가 그 계좌에 추가로 금액을 더 불입하기도 하고, 스스로 계좌 내에서 가능한 포트폴리오를 조정해가며 수익률을 관리하기도 합니다. 그래서 DC형 퇴직연금 제도를 도입한 회사에서는 매년 같은 금액의 퇴직급여를 정산받는 입사 동기라 하더라도 투자에 대한 공부가 얼마나 되어있느냐에 따라 수익률 차이가 상당히 날수 밖에 없습니다.

퇴직연금은 적립금 운용 방법에 따라 운용 결과의 차이가 발생합니다. 적립금 운용 방법에는 원리금 보장 운용 방법과 원리금 비보장(실적 배당형) 운용 방법이 있습니다. 이 두 가지 차이에 대해서는 충분히 이해하고 신중하게 선택할 필요가 있습니다. 원리금 보장 운용 방법은 예금·적금·보험 같은 상품에, 원리금 비보장 운용방법은 ETF나 펀드 같은 상품에 돈을 넣는 것인데, 전자는 저축 후자는 투자에 해당한다고 볼 수 있습니다. 우리나라에서는 퇴직연금을 원리금 보장형

구분	DB형 퇴직연금	DC형 퇴직연금
적립금 운용책임	사용자(회사)	근로자
적립금 운용방법	사용자 일괄 운용	근로자별로 운용
퇴직급여 수준	법정퇴직금 이상	운용결과에 따라 변동
사용자부담금 수준	운용결과에 따라 변동	법정퇴직금 이상

DB형 퇴직연금 vs. DC형 퇴직연금

으로 굴리는 경우가 많아 퇴직연금 수익률이 아주 낮은 편입니다. DB형 퇴직연금을 도입한 회사 대부분은 바로 이 원리금 보장 상품으로 운용합니다. 그리고 DC형 퇴직연금을 선택한 사람들도 적극적인 운용에 대한 고민이 없는 한 수익률은 DB형과 별반 다르지 않습니다. 통계자료를 살펴보게 되면 2020년 기준 DC형 퇴직연금은 전체 적립금 중 80% 이상이 원리금보장상품에 맡겨져 있고 수익률은 3.47%인 것으로 나타났습니다. 아직까지 우리나라 사람들이 투자 상품에 대한 이해가 부족해서 리스크가 있는 실적 배당형 상품을 포트폴리오에 넣는 것을 꺼리기 때문에 수익률이 낮은 편입니다. 그러나 퇴직연금은 우리가 가진 자산 중에서 가장 길게 운용하는 금융 상품입니다. 즉, 운용 기간이 길다는 것은 손실이 나더라도 회복될 가능성이 높다는 뜻입니다. 그래서 DC형 퇴직연금이 있는 사람이라면 투자에 대한 공부를 적극적으로 해서 퇴직연금을 활용해서 수익률을 높이는 노력을 하는 게 좋습니다.

연금저축 vs. 개인형 퇴직연금(개인형 IRP)

매년 연말이 되면 은행이나 증권사에서는 연말정산 대비 금융상품 판촉전이 대대적으로 벌어집니다. 대표적인 상품이 연금저축과 개인형 퇴직연금(이하 개인형 IRP)인데, 이 두 상품은 비슷한 듯하면서도 다른 점이 있습니다.

　우선 비슷한 점이라고 하면 두 상품 다 개인 스스로 준비하는 사적연금이라는 것입니다. IRP에 퇴직연금이라는 말이 포함되어 있긴 하지만, 개인형 IRP는 '개인적으로 준비하는' 퇴직연금이기 때문에 기업연금이 아닌 사적연금에 해당합니다. 연금저축과 개인형 IRP는 세제에서도 거의 비슷합니다. 불입하는 기간 동안 13.2~16.5%의 세액공제 혜택이 있는 것도 그렇고, 지금 가입한다면 5년 이상 불입하고 55세 이후 10년 이상의 기간 동안 연금으로 수령해야 한다는 점도 똑같습니다. 연금저축은, 총급여가 5,500만원(종합소득금액 4,500만원) 이하이면 16.5%, 그것을 초과하면 13.2%의 세율로 600만원까지 공제 받을 수 있습니다. 개인형 IRP를 합산한

총급여 종합소득금액	세액공제 한도		세액공제세율
	연금저축	개인형 IRP (연금저축 합산)	
5,500만원 이하 (4,500만원 이하)	600만원	900만원	16.5%
5,500만원 이하 (4,500만원 초과)	600만원	900만원	13.2%

연금저축 & 개인형 IRP 세액 공제 한도

공제 한도는 900만원인데, 이 한도는 개인형 IRP만 가입한 경우에도 동일합니다. 불입시 세액공제를 받았다면 연금으로 찾을 때 5.5~3.3%의 연금소득세를 내야하고, 55세 이전에 찾거나 연금으로 수령하지 않으면 패널티로 16.5%의 기타소득세를 내야 하는 것도 공통점입니다.

그러면 연금저축과 개인형 IRP는 어떤 차이가 있을까요? 일단 가입 대상에 있어서 연금저축은 제한이 없는 반면, IRP는 소득이 있어야 한다는 조건이 붙어 있습니다. 연금저축이 순수하게 '개인연금'이라면 개인형 IRP는 개인이 준비하는 것은 맞지만 소득이 있다가 없어졌을 때를 대비한 '퇴직연금'이기 때문입니다.

둘 다 여러 가지 금융 상품을 담을 수 있는 계좌지만, 또 하나 큰 차이점은 연금저축 계좌에는 위험 자산(주식형 펀드 등)

을 한도 없이 담아도 되지만, 개인형 IRP 계좌에는 위험 자산이 70%를 넘으면 안 되고, 안전 자산이 적어도 30%는 있어야 한다는 것입니다. 안전 자산이라 함은 예금이나 보험같이 원리금이 보장되는 상품을 말합니다. 펀드 중에서는 채권형 펀드나 채권 혼합형 펀드도 안전 자산으로 인정해줍니다.

연금저축이나 개인형 IRP를 가입하고 있지만, 아직 큰 수익이 나지 않는다고 하더라도 실망하기에는 이릅니다. 여러분은 이미 13.2~16.5%의 세액공제를 받았으니 그만큼의 수익을 얻고 시작한 것이라 할 수 있습니다. 그리고 연금은 장기 상품이기 때문에 투자를 통한 복리 효과를 기대해볼 수 있습니다.

연금은 현재를 위한 금융 상품이 아닙니다. 미래를 위해 현재를 희생하는 일이 고통스럽고 힘들지만 미리미리 준비할수록 수익률은 높아지게 되어 있으니 형편껏 준비하되 귀찮아서 가입을 미루거나 납입을 빼먹는 일은 없어야 하겠습니다.

비과세 연금보험 vs. 연금저축

연금에 대한 세제는 크게 TEE(Tax-Exempt-Exempt) 방식과

EET(Exempt-Exempt-Tax) 방식으로 구분됩니다. 전자(TEE)는 연금 불입 시 세제 혜택이 없는 대신 수령 시에 비과세하는 방법이고, 후자(EET)는 연금 불입 시 그 불입액에 대해 소득 공제 또는 세액공제한 후 연금 수령 시 연금소득에 대해 과세하는 방법입니다. 보통 보험설계사를 통해 가입하는 비과세 연금보험은 전자의 세제가 적용되고, 은행이나 증권사에서 가입하는 연금 저축은 후자의 방식이 적용됩니다. 직장인들이 많이 가입하고 있는 상품은 후자로서 세제적격 연금이라고도 합니다.

2013년 이후 세제적격 연금은 연금저축 계좌 안에 이런저런 상품을 담을 수 있게 바뀌었습니다. 그 이전에는 연금저축펀드와 연금저축보험, 이런 식으로 단일 상품에 가입하는 구조였습니다. 2017년까지는 은행에서 연금저축신탁도 가입할 수 있었지만 현재는 단종된 상태입니다. 이전에 단일상품으로 가입한 연금저축 상품은 새로 연금저축 계좌를 만들어 그 안에 넣을 수 있습니다. 연금저축 계좌 안에 보험상품을 담으면 원리금 보장이 되지만 수익률은 낮고, 펀드상품을 담으면 높은 수익률을 기대해 볼 수는 있지만 변동성은 감수해야 합니다. 증권사의 연금저축 계좌에는 ETF도 담을 수 있는데, 은행계좌에서는 ETF 투자가 불가능하므로 연금저축 계좌를 신규로 개설한다면 증권사가 좀 더 유리하다고 볼 수 있습니다.

연금 수령 시 세금을 내지 않는 비과세 연금보험에는 원리금이 보장되는 상품인 공시이율형 연금보험과 변액연금보험이 포함됩니다. 공시이율형 연금보험은 생명보험사와 우체국에서 판매하고 있는데, 현재 공시 이율이 2%대로 낮아서 오랜 기간 적립해도 원금이 크게 늘어나지 않는다는 한계가 있습니다. 이에 반해, 생명보험사의 변액연금은 보험인 동시에 투자 상품이라서 수익률을 올릴 수 있는 여러 방법이

	비과세 연금보험		연금저축(세제적격연금)	
연금세제	TEE(Tax-Exempt-Exempt) 방식 불입시 혜택없음 수령시 비과세		EET(Exempt-Exempt-Tax) 방식 불입시 세액공제 수령시 과세	
상품명	공시이율형 연금보험	변액연금보험	연금저축보험	연금저축펀드
취급기관	우체국/ 생명보험사	생명보험사	은행(방카슈랑스)/ 보험사	은행/증권사
상품성격	저축	투자	저축	투자
원금보장여부	보장	보장 (GMAB선택시)	보장	비보장
기대수익률	낮음	높음	낮음	높음
종신연금수령	가능	가능	가능 또는 불가	불가

비과세 연금보험 vs. 연금저축

있습니다.

　연금저축펀드는 세제혜택 면에서 연금저축보험과 비슷하지만 투자상품이라는 면에서는 변액연금과 비슷합니다. 연금저축펀드와 변액연금의 가장 큰 차이점은 변액연금이 생명보험사의 상품이므로 '종신형'으로 연금 수령이 가능하다는 점입니다. 증권사에서 가입하는 연금저축 상품은 확정형 연금만 가능하기 때문에 기간을 확정하거나 금액을 확정해 연금을 받아야 합니다.

3종 3색, 비과세 연금보험

개인연금 중에 비과세 연금보험은 지금 당장 세제혜택을 받을 수는 없지만, 노후에 연금을 받을 때 비과세라는 점이 큰 메리트로 작용한다고 앞서 말씀드렸습니다. 다른 소득에 합산되어 종합 과세가 될 우려가 없어 세금에 신경 쓸 필요도 없고, 수령액 전액이 내 현금흐름이 되기 때문에 골치 아프게 세금 계산할 필요도 없습니다. 현재 가입이 가능한 비과세 연금보험은 다음과 같이 크게 세 가지로 분류할 수 있습니다.

1)공시이율형 연금

비과세 연금보험의 가장 일반적인 형태입니다. 우리가 낸 보험료를 보험 회사가 매달 고시하는 공시이율로 불리는 상품입니다. 보험 회사마다 약간의 차이가 있지만, 현재 평균 공시이율은 2.25% 정도입니다. 장기적으로 저금리 추세가 지속되는 한 공시이율이 좋아질 가능성은 없어 보이는데, 현재의 공시이율을 적용하여 10년 동안 납입하고 20년 후 연금을 개시하는 상품의 적립액을 계산해보면 대략 낸 돈의 120% 정도가 됩니다. 20년 후에도 낸 돈의 20%밖에 불어나지 않으니 인플레이션을 고려한다면 마이너스인 셈입니다. 하지만 원금이 깨질 위험이 전혀 없고 연금수령을 종신형으로 선택할 수 있어 장수하는 경우라면 확실한 메리트가 있습니다. 자신이 '위험회피형' 성향이라면 관심을 가져볼 만합니다. 현재 우체국과 생명보험사에서 판매하고 있는데, 우체국에서 판매하는 보험은 모두 공시이율형 연금이라고 보면 됩니다.

2)변액연금

투자 성과에 따라 연금액이 변동되는 변액연금의 보험료는 기본적으로 '사업비+보장보험료+저축보험료'로 구성되어 있습니다. 이 중에서 저축보험료 부분을 특별 계정에 편입해 펀드에 투자하게 됩니다. 투자 수익률은 연금을 받을 때까지 확정되지 않기 때문에 언제나 변동성이 존재합니다. 그래서 이 상품의 이름이 '변액연금'입니다. 사업비는 보험 회사가 수수료 격으로 가져가는 부분인데, 펀드 운용 수수료가 포함된 비용이라 공시이율형 연금보다 사업비가 높은 편입니다. 이 사업비 때문에 가입 초기에는 수익이 나기 힘들지만, 시간이 지날수록 사업비 비중이 낮아져서 투자의 복리효과가 점차 나타나게 됩니다. 현재 평균공시이율 2.25%의 1.5배인 3.375%를 연평균 수익률로 가정해서 10년 납 20년 후 연금 개시로 적립액을 계산해보면 낸 돈의 147% 정도가 됩니다. 수익률이 얼마가 될지는 정확히 모르기 때문에 단지 시뮬레이션 된 숫자임을 미리 밝힙니다.

최근의 변액연금은 하위 펀드 라인업이 다양해져서(20개 이상) 시장 상황에 따라 수수료 없이 자유롭게 펀드를 갈아탈 수 있다는 장점이 있습니다. 또한, 이미 납입한 보험료를 '최저 보증 금액'으로 하는 옵션(GMAB, Guaranteed Minimum Accumulation Benefit)에 가입해서 만기 유지 시에는 원금 손실이 나지 않도록 설계할 수도 있습니다. 이 옵션은 수익률이 악화되더라도 원금을 까먹지 않게 해주는 것이어서 일반적인 펀드 상품과 달리 원금 보장이라는 장점이 있습니다. 이러한 상품은 '위험중립형' 투자자에게 적합하다고 할 수 있습니다.

3)최저보증형 연금

비과세 연금보험의 세 가지 유형 중 가장 나중에 나온 것으로 변액연금의 변형된 형태입니다. 기본적으로 펀드에 투자해 부리(附利)하는 방식은 변액연금과 같습니다. 그런데 보험회사에서 연금 개시 시점까지의 이율을 단리 5%로 고정시켰 놓았습니다. '최저보증형'이라는 말은 보험에서 운용하는 펀드의 성과가 5%를 넘으면 더 주겠다는 말입니다. 어쨌든 단리 5%를 적용해 10년 납 20년 후 연금 개시로 20년 후 적립액을 계산해보면 낸 돈의 170% 정도가 됩니다. 요즘 같은 저금리 시대에 단리 5%를 확정적으로 받을 수 있다는 것은 상당히 매력적이지 않을 수 없습니다. 그런데 여기에 제약 조건이 하나 있습니다. 반드시 종신형으로 연금을 받아야만 이 금액이 유효합니다. 연금을 개시하기 전에 일시금으로 찾게 되면, 단리 5%로 계산된 적립액을 찾는 게 아니라 펀드 운용 성과에 따른 적립액을 받는 방식입니다. 최저보증형 연금에서는 주로 채권형 펀드를 운용하기 때문에 중간에 해지하고 일시금으로 돈을 찾게 되면 공시이율형 연금이나 변액연금보다 수익률이 적을 가능성이 큽니다. 따라서 중도해지할 일이 절대 없고 종신형으로 연금 받는 것이 확실하다면 최저보증형 연금이 유리한 선택지가 될 수 있습니다.

종신형 vs. 확정형, 내게 맞는 연금수령 방법은?

연금을 받는 방법이 정말 다양한 만큼 이에 대한 기본적인 용어를 꼭 이해하고 있어야 합니다. 가장 먼저 총 수령액과 총 수령 기간이 정해지지 않는 '종신형 연금'과 수령액이나 수령 기간이 확정된 '확정형 연금'을 구별해야 합니다. 이외에도 본인의 생존 기간 동안 적립금의 이자로 연금을 받다가 사망한 이후 적립금을 자녀에게 물려줄 수 있는 '상속형 연금'도 있습니다. 하지만 이 방식은 연금 적립금이 어지간히 크지 않을 경우 너무 푼돈을 받게 되기 때문에 별로 권장하고 싶지 않은 수령 방법입니다.

생명보험사에는 다른 금융 기관에는 없는 종신형 연금이 있습니다. 여러분이 생보사 연금을 가지고 있다면 연금 수령 계획을 세울 때 가장 먼저 해야 할 일은 이것을 종신형으로 받을 것이냐 확정형으로 받을 것이냐를 선택하는 것입니다. 보통 가입 시점에는 종신형으로 수령 방식을 지정해 놓는 경우가 많은데, 수령을 시작하기 전까지는 언제든 바꿀 수가 있습니다.

우리가 몇 살까지 살 수 있을지는 아무도 알 수가 없습니다. 어떤 사람이 내일 당장 죽을 확률이 백만분의 일이라고 해도 백만 명 중 한 명에 해당하는 그 사람에게는 그 확률이

100%입니다. 마찬가지로 평균 수명, 기대 여명, 최빈 사망 연령 등 통계적인 예측치가 여러 가지 있지만, 나에게 완전히 딱 맞는 예측치란 있을 수가 없습니다. 그래서 가족력이나 본인의 건강 상태, 생활 습관 등을 잘 생각해서 자신이 몇 살까지 살게 될지 스스로 예측해보고 수령 방식을 결정하는 것이 가장 현명합니다.

일반적으로 기대여명이 길 것으로 예상된다면 종신형 연금이 바람직합니다. 하지만 그 반대의 경우이고 내가 낸 연금 적립금을 무조건 다 받아야겠다고 생각하는 사람이라면 확정형 연금을 택하는 것이 낫습니다. 확정형 연금은 적립금이 소멸하기 전에 가입자가 사망하는 경우 잔여액이 상속되어 연금적립금에 대한 손실 가능성은 없습니다. 그 대신 종신형 연금이 해결해주는 장수 리스크를 피할 수 없다는 단점이 있습니다.

그리고 종신형 연금을 선택했을 때 몇 년 받지 못하고 죽으면 손해가 아닐까 걱정을 하는 사람도 있습니다. 그러나 요즘 종신형 연금에는 '보증 기간'이라는 게 있어서 10년, 20년, 100세 등 보증 기간을 선택해서 수령할 수도 있습니다. 물론 보증 기간이 길면 길수록 매년 수령하는 연금액은 줄어들게 됩니다. 보증 기간이 끝나기 전에 사망하게 되면 보증 기간까지 남은 연금액은 자동으로 상속됩니다.

개인연금저축 vs. 구(舊)연금저축 vs. 신(新)연금저축

은퇴 설계에 있어 가장 중요한 것은 일단 상품에 대해 잘 이해하는 것이고, 혹시 가입할 때 잘 몰랐다 해도 지금이라도 가입한 상품이 무엇인지 또 어떻게 운용되고 있는지 정확히 아는 것입니다. 앞서 연금저축과 비과세 연금보험을 비교했는데, 사실 이건 요즘 가입할 수 있는 상품만 비교한 것입니다. 은퇴 설계를 하기 위해서는 그 자료뿐만 아니라 우리나라 개인연금제도(세제적격 연금)의 역사를 알아두면 좋습니다.

우리나라에서 개인연금제도는 1994년에 도입되었는데 2001년과 2013년에 큰 전환점이 있었습니다. 상품의 가입 시점에 따라 세제혜택에 많은 차이가 있습니다.

① 개인연금저축(1994년 6월~2000년 12월 판매종료)

② 구(舊)연금저축(2001년 1월~2013년 2월 판매종료)

③ 신(新)연금저축(2013년 3월~)

①번 개인연금저축이 개인연금 상품의 최강자입니다. 이것은 연간 72만 원(180만 원 납입 시)의 소득공제 혜택과 연금수령 시 비과세라는 이중 혜택을 누릴 수 있는 상품입니다. 연간 불입한도는 1,200만 원인데, 혹시 가지고 있다면 최대한

많이 넣어두면 좋겠지만, 이것은 1990년대 상품이기 때문에 나이가 좀 있으신 분이 아니고서는 계좌 자체가 없을 것입니다. ②번 구(舊)연금저축은 연금저축신탁, 연금저축보험, 연금저축펀드, 이렇게 세 가지 상품 중 하나로 가입이 가능했던 상품입니다. 단일 금융상품에 10년 이상 가입하고 5년 이상 분할 수령해야 했는데, 여기서 좀 더 진화한 것이 ③번 신(新)연금저축입니다. 이것은 한 개의 연금저축 상품이 아니고 연금저축 계좌라고 하는 것이 맞을 것 같습니다. 한 계좌 안에 여러 상품을 운용하는 방식이고 보험이나 펀드뿐 아니라 ETF까지 담을 수 있는 것이 특징입니다. 이 상품은 5년 이상 가입해서 10년 이상 분할 수령해야 합니다.

②번과 ③번 상품은 모두 연간 600만원(개인형 IRP를 포함하면 900만원)까지 세액 공제를 받을 수 있고, 개인형 IRP와 통산해 연간 1,800만 원까지 불입이 가능합니다. 두 상품 모두 연금 수령 시 5.5~3.3%의 연금소득세를 내야 합니다. 중도에 해지하면 지금까지 돌려받은 세금보다 더 많은 16.5%의 기타소득세를 내야 합니다.

연금저축은 다른 금융사나 다른 상품으로 계좌이동이 가능하지만 ③번 상품을 이미 사라진 ①②번 상품으로 옮겨 탈 수는 없습니다. ②번 상품을 ③번으로 옮기려면 ②번 상품의 가입 시점을 잘 살려서 옮기는 것이 좋습니다. ②번의 가입

시점을 잘 살리면 5년 이상 분할 수령이 가능하지만, 그렇지 않으면 반드시 10년 이상 분할 수령을 해야 합니다.

연금저축은 수령 기간이나 개시 시점을 가입할 때 정하지만 개시 전까지는 언제든 변경할 수 있으니 가입할 때 그걸로 너무 고민할 필요는 없습니다. 그렇지만 한 가지 꼭 주의할 점이 있습니다. 종신형 연금을 받고 싶으면 꼭 생명보험사의 상품에 가입해야 한다는 것입니다. 은행이나 증권사에서 가입하는 연금저축펀드나 손해보험사의 연금저축보험은 종신형으로 선택할 수 없고 금액이나 기간을 확정해서만 받을 수 있습니다. 그리고 생명보험사 상품이라 하더라도 방카슈랑스로 가입하는 경우라면 확정형만 가능한 경우도 있습니다. 종신형 연금이 꼭 좋다고는 말할 수 없지만 공적연금으로 받을 수 있는 연금액이 많지 않다면 사적연금을 활용해 장수 리스크에 대비하는 것도 좋은 방법입니다.

연금 부자 습관
100세까지 부자로! 은퇴중산층이 되는 법

초판 1쇄 발행 2022년 3월 14일
초판 3쇄 발행 2023년 4월 17일

지은이 강성민
펴낸이 김옥정

만든이 이승현
디자인 디스커버

펴낸곳 좋은습관연구소
주소 경기도 고양시 후곡로 60, 303-1005
출판신고 2019년 8월 21일 제 2019-000141
이메일 buildhabits@naver.com
홈페이지 buildhabits.kr

ISBN 979-11-91636-19-2

좋은습관연구소에서는 누구의 글이든 한 권의 책으로 정리할 수 있게 도움을 드리고 있습
니다. 메일로 문의주세요.